JN440857

출판산업 발전과 독서진흥

부길만 지음

머리말

출판 산업 발전과 독서 진흥, 이 주제는 필자가 1980년 양서협동조합의 실무자로 독서운동에 참여하던 때부터 지금까지 지녀온 관심사이다. 특히, 1989년 대학원에서 출판학을 공부한 이래 이에 대한 관심은 이론적인 면으로도 확장될 수 있었고, 여러 단체나 기관의 요청에 응하여 글이나 말로 사회적 발언을 할 기회가 많아졌다. 이 책은 바로 이러한 관심과 발언들을 추려서 한 자리에 펼쳐 보인 것이다. 발언 기간은 1991년부터이니 20년이 넘고, 주제도 도서정가제, 출판 진흥 기구의 설립 등 출판계 이슈부터 독서운동과 국제교류에 이르기까지 다양하다. 내용을 분류해 보니 크게 일곱 가지가 된다. 따라서 이 책은 7장으로 나누어진다.

제1장은 서적에 대한 존중과 애착에서 나온 민족의 문화적 자부심을 찾아내고 출판을 통하여 민족 문화가 크게 선양된 역사적 사례들을 알려준다. 또한, 문화의 집결체가 되는 책의 본질을 탐색하고, 문화적 다양성을 살리기 위한 출판계의 과제를 제시한다.

제2장은 출판문화 발전을 위한 제언을 담고 있다. 아울러, 정부의 출판 정책을 분석 · 평가하고, 출판 규제는 출판 정책을 과거 권위주의 정부 시절로 후퇴시키는 일이라고 비판한다. 그리고, IPA 서울 총회를 개최할 정도로 높아진 한국 출판의 발전 방안을 논의한다.

제3장은 인쇄 문화 진흥이 민족정신을 살리는 길이라는 전제에서, 인쇄문화산업진흥법 제정의 필요성을 역설하고, 인쇄 문화 산업 진흥을 위한 법정 기구의 설립을 제안한다. 또한, 구텐베르크 박물관을 탐방하고, 통일을 이룬 유럽 인쇄 문화의 발상지 독일과 통일을 준비해야 하는 세계 최초 금속 활자 발명국 한국을 비교하며 우리 인쇄 출판 문화의 새로운 도약을 그려본다.

제4장은 도서정가제의 문제를 다룬다. 출판 산업의 특수성 속에서 도서의 정가 정책과 도서정가제의 기능을 검토한다. 이것을 토대로 도서정가제의 필요성과 당위성을 밝힌다. 우리나라 도서정가제의 역사와 외국의 도서정가제 시행 사례를 전해주고 완전한 도서정가제 정착을 위한 관련 법률의 개정을 촉구한다. 아울러, 도서정가제 실시와 함께 중소 서점을 지원하고 독서 인구를 확대해야 한다고 주장한다.

제5장은 1980년 회원 열 명으로 시작하여 2000년 이후 오천 명의 회원을 확보한 어린이도서연구회를 중심으로 어린이 독서 운동을 살핀다. 창립 회원으로 참여했던 필자는 어린이야말로 우리 모두의 희망임을 밝히고, 대한민국 집집마다 '동화 읽는 어른'이 존재하는 아름다운 꿈을 어린이도서연구회의 비전으로 삼자고 제안한다. 나아가, 북한 지역에 있는 미래 회원들과도 함께 독서 운동을 벌이자는 제안도 들어 있다.

제6장은 독서는 국가경쟁력의 원동력임을 환기시키고 도서관 제도의 문제점과 개선 방안을 내놓으며 독서 교육의 중요성을 강조한

다. 아울러, 한 권의 책이 독자의 손에 들어가는 출판 유통 시스템을 설명하고 한국인의 독서 실태와 정부의 독서 진흥 정책을 검토한다. 이를 토대로 독서 운동의 방향을 제시한다. 특히, 각 지방 자치 단체가 독서 진흥에 적극 나서도록 시민 단체가 영향력을 행사해 줄 것을 주문한다.

제7장은 국제 출판 교류의 메시지를 담고 있다. 러시아, 독일, 베트남, 중국, 타이완 등 5개국을 방문한 기록인데, 그 내용은 문화 탐방, 출판계와 서점 견학, 출판인과 출판 정책 담당자와의 만남, 출판 관련 학자들과의 세미나 등으로 되어 있다. 아울러, 이러한 해외 체험에서 얻은 교훈과 시사점을 함께 서술한다.

출판 산업 발전과 독서 진흥에 관하여 이 책에서 보여주는 문제의식과 대안을 찾는 목소리는 현재도 여전히 유효하다고 생각한다. 오히려, 출판계 안팎의 환경이 급변하고 출판 산업의 지속 성장이 위협받고 있는 오늘날 그 목소리는 더욱 더 절실해지는 것 같다.

이 책이 출판인, 출판 정책 담당자, 도서관 관계자, 독서운동가, 관련 분야 학자, 저자와 독자 등 책을 사랑하는 분들에게 조금이라도 도움이 되길 바란다.

저자 씀

차례

제1장 민족의 문화적 자부심과 출판

제2장 출판문화 발전을 위한 제언

제3장 인쇄 문화 진흥과 민족정신의 고양

제4장 출판 산업과 도서정가제

제5장 집집마다 동화 읽는 어른

제6장 출판 발전과 독서 운동

제7장 국제 출판 교류의 메시지

제1장

민족의 문화적 자부심과 출판

1. 우리 민족의 문화적 자부심
2. 민족 문화의 고양과 한국 출판
3. 문화 다양성과 출판계의 과제
4. 책의 본질과 진화

1 우리 민족의 문화적 자부심*

최근에 필자는 조선 시대 출판을 연구하기 위하여 조선왕조실록을 조사하다가, 우리 민족의 문화적 자존심을 새삼 실감하였다. 한국인은 문화적 자존심으로 5천년 역사를 버텨 온 민족이다. 흔히 조선 시대에 중국에 사대주의 정책을 취했다고 하나, 그것은 강대국의 힘이 두려워 중국을 따르는 사대가 아니었다. 예를 들면, 명나라가 망하자, 한국의 지식인들은 새롭게 패권을 잡은 왕조인 청나라에 대해서는 결코 사대주의적 태도를 취하지 않았다. 연호를 쓸 때에도, 청나라가 아니라 망해버린 명 왕조의 것을 고수하였다. 문화적으로 열등하다고 생각하는 나라의 연호를 쓸 수는 없었던 것이다. 조선 후기에 세계 문화의 중심이라고 보았던 중국 명나라가 망하고 청이 들어서니, 중국은 더 이상 세계 문화의 중심 국가가 아니었다. 그 세계 중심의 문화를 지키는 나라는 이제 중국이 아니라 조선이라는 것이었다. 바로 조선 후기 지식인들의 자부심이었다.

이러한 문화적 자부심은 일상생활에서 서적에 대한 존중과 애착에서 나왔다. 조선 시대에는 왕과 신료들이 모여 토론을 통하여 정치 행정상의 중요한 결정을 내렸는데, 여기에서 서적을 정책 결정

* 〈이천설봉신문〉, 2002. 12. 31.

의 중요한 근거로 삼았다. 또한, 경연이라 이름 붙여 정기적인 강의 시간도 마련하였다. 이 경연에 사용된 교재는 대학, 주역 등 유학 경전도 있지만, 이율곡이나 송시열 등 한국인들의 저술도 많았다. 정조는 송시열을 공자를 이어 받은 주자와 같은 반열에 올려놓았다. 공자와 주자는 먼 과거의 중국인이지만, 송시열은 가까운 시기 바로 한국의 인물이었다. 조선왕조실록에는 영조가 자신이 늦게 태어나 이 유명한 학자 송시열을 만나지 못한 것을 한탄하는 대목이 나올 정도이다.

문화적 자부심은 일반 서민층도 마찬가지였다. 임진왜란과 병자호란으로 나라가 피폐해지고 치욕을 겪은 이후, 주인공이 고난을 겪다가 무술을 닦아 외적을 물리친다는 내용의 영웅소설들이 일반 대중독자들에게 널리 읽혀졌다. 일부는 여성이 장군이 되어 적장에게 항복을 받아내는 것으로 현실과 정반대 상황을 소설 속에서 연출해내기도 하였다. 이 소설들은 상처 난 민족의 자부심을 달래주어 폭넓은 호응을 얻었다.

2002년 여중생 사망 사건과 관련된 촛불 시위 역시 민족적 문화적 자존심이 손상을 입은 데 대한 범국민적 항의가 아닌가 한다. 지난 6월 여중생이 죽은 직후, 일부 단체에서는 이 문제를 사회적 이슈로 만들려고 하였으나, 여론의 반응은 그렇게 크지 않았다. 사회적 이슈가 되기 시작한 것은 미군에 의한, 미군을 위한 미군의 재판 결과가 공개되고 나서부터였다. 오만하고 우월감에 찬 미군과 미국 정부를 상대로 이제 대등한 관계의 수립을 원하는 국민들의 의식이 수준 높은 평화적 시위로 나타난 것이다.

반만년에 걸친 우리의 역사적, 문화적 저력이 전쟁과 독재 시대를 거치면서도 면면히 이어져 민주화를 이루어냈고, 바로 지금도 광화문 앞까지 끊어지지 않는 촛불 행렬을 만들어낸 것이다. 이 촛불은 두 여중생에 대한 애도의 표시이고 한국인의 문화적 자존심에 둔감한 미국인들의 어둠을 깨우치기 위한 것이다.

광화문을 수놓은 촛불 행진에 참여한 사람들은 IMF 경제 위기 때에 결혼반지, 돌 반지를 모아 금모으기에 나섰던 이들이고, 월드컵 때 '붉은 악마' 복장으로 응원하여 세계인의 주목을 받았던 바로 그들이다. 이 촛불 행진은 반미 시위라기보다는 미국의 반인권적인 태도에 분노한 평범한 시민들의 멋진 의사 표시라고 생각한다. 이제라도 미국이 우리의 민족적 자존심을 존중하고 새로운 관계 수립에 응한다면, 한국인은 언제라도 화해할 수 있을 것이다.

2 민족 문화의 고양과 한국 출판*

2-1 머리말

이 글은 한민족의 우수한 문화와 출판의 관련성을 역사적으로 고찰하기 위한 것이다. 즉, 출판을 통하여 한국 민족 문화가 크게 선양된 역사적 사례를 제시하고 그것의 문화사적 의의를 살피려는 것이다. 편집 출판과 관련된 한민족의 우수 문화 중에서 대표적인 것으로 고려 〈팔만대장경〉의 조성, 금속 활자의 발명, 〈조선왕조실록〉의 간행, 한글의 창제 등 네 가지로 설정하여 역사적으로 살펴본다.

〈팔만대장경〉과 〈조선왕조실록〉은 각각 고려와 조선 시대를 대표하는 출판물일 뿐만 아니라 유네스코가 지정한 세계문화유산과 세계기록문화유산에 올라 있어, 민족 문화를 넘어 인류 문화의 자산이 되고 있다.

금속 활자의 발명은 다양한 지식과 정보를 불특정 다수에게 가장 효과적으로 전달할 수 있는 기술을 최초로 제시 했다는 점에서 의의가 있을 것이다.

---

* 2010년 5월 중국편집학회 주최로 북경에서 열린 제14회 국제 출판 학술회의에서 '민족 문화의 고양으로서 한국 출판의 역사적 고찰'이라는 제목으로 발표한 논문을 축약한 것임.

한글 창제는 15세기 전제 군주 시대에 일반 국민을 위한 문자를 구상했다는 점뿐만 아니라 현대 정보화 사회에서도 가장 유용한 메시지의 전달 도구로 활용되고 있다는 점에서 각별한 의미가 있다.

또한, 한글은 역사적으로 한국 출판 발전에 지속적인 영향을 끼쳐 왔기 때문에, 별도의 항목으로 나누어 서술하고자 한다.

2-2 민족 문화의 고양과 한국 출판

(1) 고려 〈팔만대장경〉의 조성

'팔만대장경(八萬大藏經)'이라는 이름은 '대장경'에 '팔만'을 덧붙인 것이다. 대장경은 불교 경전 전부를 가리키는 말인데, 그 내용은 경장(經藏), 율장(律藏), 논장(論藏)의 3장(三藏)으로 구성되어 있다.

대장경 경판의 수효가 8만 1,258판에 달하고, 8만 4천 번뇌에 대치되는 8만 4천 법문을 수록하였기 때문에 〈팔만대장경〉이라고도 한다. 팔만대장경 이전에도 대장경 조성사업이 있었는바, 〈초조대장경(初雕大藏經)〉과 〈속장경(續藏經)〉이 그것이다. 〈초조대장경〉은 거란 군대가 침입한 1011년(현종 2)경부터 1087년(선종 4)까지 76년이나 걸려 조성되었다. 이 〈초조대장경〉은 경판을 흥왕사 등에 간직하고 있다가 부인사로 이관하여 보관하던 중, 1232년(고종 19) 몽골군의 침입으로 모두 불에 타버리고 말았다. 〈속장경(續藏經)〉은 대장경에 대한 주석들을 모아 편찬한 것인데, 그 작업은 고려 문종의 넷째 왕자인 의천(義天, 1055~1101)에 의해서 이루어졌다. 이 속장경 역시 1232년 몽골군의 침입 때 불에 타서 없어졌다.

1236년(고종 23) 〈대장경〉을 다시 만들기 위해서 피난지인 강화도에 대장도감(大藏都監)을 설치하여, 16년에 걸쳐 1251년에 완성하였다. 이 작업은 당시 범국가적인 사업이었는바, 왕족, 최씨 무인 집권자, 귀족 · 관료, 문인, 지식인, 승려는 물론 일반 군현민(郡縣民)에 이르기까지 다양한 계층들이 적극 참여하였다. 특히, 불교계에서는, 대장경뿐만 아니라 불상과 불교 서적, 황룡사 9층 목탑 등 귀중한 불교 자원을 파괴하고 약탈을 자행한 몽골을 조국의 침략자인 동시에 문명의 파괴자로 인식하고 종파를 초월하여 침략군에 무력 항쟁을 전개하거나 대장경 조성 사업에 적극 참여하였다(최영호, 1995).

대장경을 다시 새기는 작업을 하면서, 수기법사(守其法師)는, 〈초조대장경〉은 물론 송나라 및 거란의 대장경과 대조 비교하고 각종의 불교 목록까지 두루두루 참조하여 본문에서 빠진 글자, 틀린 글자, 잘못된 번역 등을 하나하나 고치고 보완하였다. 이 대장경 경판은 새로 추가한 것을 제외하면, 〈초조대장경〉 인출본을 교정 보완하여 번각한 것이 대부분이기 때문에 판각 기술의 시각에서 보면, 〈초조대장경〉보다 떨어지는 것이 사실이나, 본문 내용만은 동양의 어떤 한문 번역 대장경보다도 우수하다는 것이 국내외 학자들의 공통된 평가이다(천혜봉, 1991).

한편, 이 대장경은 판각한 지 750년이 넘는 현재까지 원형을 잃지 않고 보존되고 있어, 경판 자체가 민족 문화의 우수성을 증명해 주고 있다.

(2) 금속 활자의 발명

금속 활자의 발명은, 기록에 의하면 13세기 전반기에 한국에서 이루어진 것으로 나타난다. 그러나 구체적인 실물이 없어 여러 주장들만 나오던 중, 〈백운화상초록 불조직지심체요절〉(白雲和尙抄錄 佛祖直指心體要節, 이하 〈직지〉)이 처음으로 공개됨으로써 고려의 금속 활자 발명이 공인받게 되었다.

〈직지〉는 고려 말 백운화상(白雲和尙, 1298~1374, 법명은 景閑)이 불법을 제자들에게 전해 주기 위해 역대 여러 불조(佛祖)의 게송(偈頌)이나 법어 등에서 선(禪)의 요체를 깨닫는 데 필요한 내용들을 뽑아 엮은 책이다. 이 책의 마지막 장에는 '선광 7년 7월 청주목외 흥덕사 주자인시(宣光七年 丁巳七月 淸州牧外 興德寺 鑄字印施)' 라고 나와 있어, 1377년 청주시 교외에 있는 흥덕사에서 금속 활자로 인쇄했음을 알 수 있다.

금속 활자를 만드는 일과 금속 주화 제조 작업은 같은 계통의 기술이 바탕이 되었을 것이다. 그런데 금속 주화는 최초의 제국을 이룩했던 아케메네스 왕조에서 이미 기원 전 6세기에 제조된 바 있다. 그렇다면 고려 시대 금속 주화의 제조는 기술의 측면에서 내세울 것이 못된다고 볼 수 있다. 마찬가지로 금속 활자의 발명도 기술적 역량 자체로는 큰 의미를 부여하기 어려울 것이다. 중요한 문제는 이미 2,500년 전에 그 바탕이 만들어진 금속 활자의 발명이 세계 어느 국가에서도 이루어지지 않았다는 점이다. 이러한 사실에 대하여 부길만(2008)은 다음과 같이 해석한다.

한국에서는 세계 최초로 금속 활자를 발명하여 인쇄 출판 사업을 본격적으로 전개한 바 있다. 그것은 당시 지식인들의 문화적 수요, 또는 책에 대한 욕구가 특별히 강렬했기 때문일 것이다. 문자를 아는 지식인 계층의 비율은 낮았으나, 그 계층의 문화적 욕구는 매우 강렬했다고 볼 수 있다. 다시 말하면, 소수의 지식인 계층이었지만, 그들이 읽고자 했던 서적들의 종류는 너무 많았다. 그 많은 수요를 충족시키고자 할 때, 기존의 목판 인쇄는 적합하지 못하였다. 즉, 짧은 시간에 많은 종류의 서적을 만들어내기 위한 방안으로 수시로 조판과 해체가 가능한 활자 인쇄 방법이 고안된 것이다. 요컨대, 당시 한국 지식인들의 강한 문화적 수요와 확고한 문화 의식이 금속 활자의 발명을 가능케 한 원동력이 된 것이다. 그것은 외적이 침입하는 급박한 상황에서도 팔만대장경을 조성하여 문화 대국을 과시하며 국민 총화를 이룩해내었던 역사와 같은 맥락이라 할 수 있다. 이러한 문화적 전통 속에서 금속 활자의 주조와 출판 산업은 왕조가 바뀐 이후에도 계속 이어져 왔다.

(3) 〈조선왕조실록〉의 간행

고려시대에 가장 중요한 출판물이 〈팔만대장경〉이었다면, 조선시대의 경우는 〈조선왕조실록〉이다.

〈조선왕조실록〉(이하 〈실록〉)은 조선 왕조의 역사적 사실을 날짜순으로 일기처럼 기록한 서적이다. 1392년 조선 왕조를 세운 태조 때부터 제25대 임금이었던 철종(1850~1863) 때까지 472년간을 매일매일 기록한 편년체 역사서이다.

〈실록〉을 만든 이유에 대하여 이성무(2000)는 이렇게 주장한다.

"왕의 언행을 기록하여 역사로 남기면 왕을 후대의 평가에 묶어 둘 수 있다. 후대의 평가에 왕을 묶는다는 것, 그것은 현재의 권력 남용을 견제하는 것이 된다."

또한, 〈실록〉의 간행은 유교 경전과 역사를 중시했던 조선조 문치주의(文治主義)의 산물이기도 하다. 〈실록〉을 보면, 조선의 정치 · 외교는 물론, 경제, 사회, 문화의 전 분야에 대한 상세한 정보를 얻을 수 있다. 국왕을 중심으로 기록된 것이 분명하지만, 그 외에 국정 전반에 걸친 모든 사항이 상세하게 수록되어 있으며, 사관의 평가까지 들어 있다.

그러나 〈실록〉은 몇 가지 한계를 지닌다. 첫째, 전제주의 시대 왕조사 중심의 역사 서술이라는 한계가 있다. 둘째, 당대사로서의 한계이다. 실록의 간행은 왕의 사후 시작되지만, 결국 해당 시기 왕의 아들이나 동생이 후계자로서 편찬을 주관하는 것이고, 그 외에 실록 편찬의 책임을 맡은 대신들의 활동상이 적혀 있는 기록이기 때문에 객관적이고 공정한 편찬이 어려운 경우가 많았다. 집권 당파가 바뀜에 따라 편찬된 실록의 내용이 개정되기도 했다. 셋째, 기층 민중의 생활이 기록되기는 했지만, 객체, 곧 시혜나 탄압의 대상에 불과한 것으로 인식되고 있다.

현재 〈실록〉 원본은 서울대 규장각과 국가기록원에서 보관하고 있다. 세종대왕기념사업회와 민족문화추진회에서는 1968년부터 1993년까지 25년간에 걸쳐 국배판으로 〈조선왕조실록〉 번역본

413책을 간행했는데, 여기에 번역본의 색인까지 합치면 437책이나 된다. 현재 〈실록〉은 홈페이지가 잘 만들어져 있어, 인터넷으로 누구나 집에서도 읽고 검색할 수 있게 되었다.

(4) 한글의 창제

한글 창제 당시의 이름은 '훈민정음'(訓民正音)이다. 그 뜻은 '백성을 가르치는 바른 소리'인데 줄여서 '정음'이라고도 하였다. 글자를 창제하고 그 이름을 문자가 아니라 소리라고 붙인 것이다. 여기에는 당시의 언어 철학이 담겨 있다. 즉, 한글을 통하여 우주의 원리와 인류 문화의 모든 영역을 담아낼 수 있는 소리를 구현하고자 하였다고 생각된다.

한글 창제의 또 다른 의미는 하층 민중을 문자 수용의 대상이 아니라 사용 주체로 본 점이다.

정인지는 훈민정음을 "스승이 없어도 스스로 깨닫게 되는 글자"라고 했는데, 이것은 하층 민중을 문자 사용의 주체로 파악한 혁신적인 사고방식이었다고 볼 수 있다. 세종이 직접 쓴 〈훈민정음〉 서문의 첫 마디에서 "나라 말이 중국말과 다르다"고 한 자주적인 선언도 이와 같은 혁명적인 인식선상에서 쉽게 가능했을 것으로 생각한다.

2-3 한글의 활용과 출판문화의 발달

우리 민족은 한글 창제 이전에도 한자와 이두(吏讀)를 통하여 전통 문화를 창조해 내었다. 그러나 15세기 중반 한글이 창제된 이후 한국의 출판문화는 더욱 깊어지고 풍성해진다.

한글은 문학 특히 소설 부문에서 놀랄만한 성장을 가능케 했다. 16세기 중국 장편 소설이 수입되자 곧바로 한글로 번역되었고, 장편 소설의 창작으로 이어졌다. 이후 임진왜란을 겪으며, 한글 소설은 더욱 확산되어갔다.

또한 소설 외에도 1510년대부터 지방에서도 각종 한글 문헌이 간행된 사실이 밝혀졌는데, 이러한 한글 문헌에 대하여 백두현(2001)은 그 성격을 다음 세 부류로 나누고 있다.

첫째는 초학자를 위해 한자에 한글 훈을 붙인 자서(字書)의 간행이다. 예를 들면 〈훈몽자회〉(1527), 〈천자문〉(1529), 〈유합〉(1529) 등이다.

둘째는 농사와 풍속 교화 및 질병 치료를 위한 한글 서적의 간행이다. 1518년에 김안국(金安國)의 주도로 〈여씨향약언해〉, 〈농서언해〉, 〈벽온방언해〉 등이 경상도에서 간행되었다. 또한, 〈번역소학〉(1518), 〈여훈(女訓)〉(1532), 〈이륜행실도〉(1539), 〈삼강행실도〉(1554, 1581) 등의 교화 서적과 〈간이벽온방〉(1525), 〈촌가구급방〉(1538) 등의 의학서가 한글로 번역되거나 한글 표기 어휘를 수록하여 민생에 도움이 되도록 하였다.

셋째는 한글 불서(佛書)의 간행이다. 지방에서 간행된 최초의 한글 문헌은 경상도 합천 봉서사(鳳栖寺)에서 1500년에 간행한 〈목우자수심결언해(牧牛子修心訣諺解)〉이다. 이 책은 간경도감판(초간은 1467)을 덧새긴 것이기는 하지만 이런 한글 서적이 지방에서 간행되었다는 사실은 한글을 쓰고 읽을 수 있는 사람(승려)이 지방에도 있었다는 증거가 된다.

19세기말의 개화기에 지식인들은 한글 보급 운동을 통하여 국민 계몽 운동을 벌여 나갔다. 〈독립신문〉을 비롯한 언론 매체에서도 한글 쓰기 운동을 전개함으로써 대중에게 한글을 보급하는 역할을 맡았다. 기독교 계통의 교육기관이나 단체에서는 성서를 한글로 번역함으로써 선교는 물론 한글의 대중화에도 기여하였다.

일제 강점 시기에는 후기로 오면서 출판 탄압과 함께 한국어 자체가 말살되는 위기에 처했다. 그러나 이때에도 한글에 대한 연구와 출판은 오히려 더 치열했다.

출판인들은 1945년 해방을 맞자마자 그 어려운 여건 속에서도 각종 출판물을 앞 다투어 내놓았다. 이것은 무엇보다 일제하에서 말살당했던 민족의 말과 글에 대한 민중들의 갈증이 컸기 때문이었다.

1980년대 이후 한국 출판이 양적으로 비약적인 성장을 한 것은 국가 경제가 성장한 때문이기도 하지만, 1970년대 한글세대의 등장이 가장 중요한 요인으로 작용하였다고 볼 수 있다. 1970년대 20~30대 젊은이들은 해방 이후 한글로만 교육 받은 세대에 속한다. 그들의 앞 세대가 식민 시대를 겪은 일본어 교육 세대이고, 더 이전 세대는 한문 서적으로 교육받은 세대인 것과 뚜렷이 대비되는 한글세대인 것이다.

오늘날 한글은 디지털 기기에 가장 적합한 소리글자이기 때문에, 정보화 시대에 출판문화 발전에 크게 기여하고 있다.

2-4 맺음말 : 민족의 문화 의식과 출판 발전

한국 출판의 역사는 민족의 문화 의식의 구현이라 해도 과언이 아니다. 〈팔만대장경〉의 조성, 금속 활자의 발명, 〈조선왕조실록〉의 간행, 한글의 창제 등은 한국 출판문화사의 대표적인 성취인데, 이 모두 한국인의 문화 의식이 뚜렷하게 드러난 것이다.

내용의 방대함과 정확성으로 인하여 세계 불교 경전의 표준으로 인정받고 있는 〈팔만대장경〉은 외적이 쳐들어오는 급박한 상황에서 나온 것이다. 고려인들은 〈팔만대장경〉을 조성함으로써, 국난 극복을 위한 국민 총화를 이루어냈고 문화 민족임을 만천하에 과시할 수 있었다. 세계 최초의 금속 활자 발명 역시 기술의 우위에서 나온 것이라기보다는 고려 지식인들의 강렬한 문화 의식의 소산이었다고 할 수 있다. 〈실록〉의 간행 역시 조선 왕조의 문치주의(文治主義)와 조선 지식인들의 역사의식이 강렬하게 표출된 업적이 아닐 수 없다. 한글의 창제 역시 하층 민중을 문자 수용의 주체로 인식하여, 자연의 모든 소리와 이치를 담을 수 있는 문자를 만들어냄으로써, 인류 문화의 모든 영역을 수용하고자 한 것이라 할 수 있다.

이처럼 한국 출판은 역사적으로 민족 문화의 고양을 이끌면서 문화 의식을 구현하고 심화시켜왔다고 할 수 있다. 이와 같은 강인한 문화 의식의 전통은 현대 출판 산업의 주체들에게도 이어져 오늘날 한국 출판의 발전을 이끌고 있다고 생각한다.

■ 참고문헌

백두현(2001). "조선 시대의 한글 보급과 실용에 관한 연구", 〈진단학보〉 제92호.

부길만(2008). 〈책의 역사〉, 일진사.

이성무(2000). 〈조선왕조실록 어떤 책인가〉, 동방미디어.

천혜봉(1991). 〈한국서지학〉, 민음사.

최영호(1995). "화엄종 계열 승려의 강화경판 고려대장경 각성사업 참여", 〈부산사학〉 제29호.

3 문화 다양성과 출판계의 과제*

3-1 서론

문화적 다양성의 확보와 출판 진흥은 맥을 같이한다. 유네스코는 '문화'를 '한 사회와 집단의 성격을 나타내는 정신적, 물질적, 지적, 감성적 특성의 총체이며, 또 예술이나 문자의 형식뿐 아니라 함께 사는 방법으로서의 생활양식, 인간의 기본권, 가치, 전통과 신앙 등을 포함하는 포괄적 개념'으로 정의한 바 있다. 이러한 문화를 창조, 전달, 보존하는 데에 출판은 매우 중요한 역할을 담당해오고 있다. 그래서 출판은 문화의 꽃으로 불리며, 출판 산업은 문화 산업의 핵심으로 작용해오고 있다.

정보화와 국제화로 특징지어지는 현대 사회에서 문화는 다양성이 그 중요한 특질이 되고 있다. 그런데 출판은 본질적으로 다양성을 특질로 삼는다.

이 글에서는 이러한 인식을 바탕으로, 문화 다양성을 위한 한국

* 2006년 10월 27일 문화관광부 문화중심도시조성추진기획단과 유네스코한국위원회 공동 주최로 광주 김대중 컨벤션센터에서 열린 '아시아 출판 교류 증진 지역회의'(주제 : 세계화 시대 아시아의 책과 문화 다양성)에서 발표한 논문 "Activities for Cultural Diversity in the Korean Publishing Field and Future Tasks"를 우리말로 쓴 것임.

출판계의 노력과 향후 과제에 대하여 살펴보기로 한다. 우선, 한국 출판 역사 속에 나타난 출판의 다양성에 대하여 검토하고, 정부의 출판 진흥 정책과 문화 다양성을 위한 출판업계의 활동을 소개한 다음, 향후 과제를 밝혀보고자 한다.

3-2 한국출판문화사에서 본 출판의 다양성

출판에서의 다양성은 언론 출판의 자유가 확보되고 출판 산업이 발달된 곳일수록 확대되어 갈 것이다. 한국에서 출판이 기업다운 면모를 보이기 시작한 것은 1970년대 이후라고 할 수 있다. 1950년대 후반과 1960년대에도 한국 출판인들은 값비싼 대형 출판물을 기획하고 월부 방문판매를 통하여 출판의 기업화에 성공한 사례가 있다. 그러나 이러한 성공은 다양한 개별 독자들의 독서 욕구를 충족시켜 준 데에서 온 것은 아니었다. 판매된 상당수 출판물은 독서용이라기보다는 장식용에 그치고 말았다는 비판이 제기되어 왔다. 또한, 일부 출판사의 기업적 성공과 달리 출판물의 종류나 발행량이 전체적으로 확대되지도 못하였다.

다양한 독서물이 다양한 독자들에게 전해지기 시작한 것은 1970년대 이후 이른바 한글세대가 등장한 때부터라고 할 수 있다. 한글세대의 등장이란 한국이 독립된 1945년 이후에 태어나서 학교 교육을 전부 한글로만 받은 세대들이 성인이 되어 작가와 독자가 되어 출판 행위의 전면에 나서기 시작한 것을 말한다. 이때에는 한국의 중고등학교 진학률도 급성장하였고, 경제 개발과 함께 도시화가 진행됨에 따라 새로운 독자층도 형성되기 시작하였다. 이렇게 되어 전집이 아니라 문고본이나 단행본을 찾는 독자들이 늘어나게 되었다. 이때부터 출판에서도 다양성이 크게 살아나기 시작하였다고 볼 수 있다. 독자들의 취향을 반영하는 베스트셀러도 1960년대까지 문예물 중심이던 것이 전기물, 사회심리학, 경제학 도서 등으로 그 분야가 다양해져 갔다.

이러한 출판물의 다양성은 신간 발행 종수의 증가에서 그대로 드러났다. 1960년대 말까지 신간 발행 종수가 연간 1천~2천 종대에서 머물고 있었는데, 1970년대 이후 급속도로 신장되어 1979년 1만 종을 넘어섰고, 1980년대 중반 이후부터 2만 종대에 들어섬으로써 도서 발행량으로 세계 10위권에 진입하게 되었다(1980년대 유네스코 통계).

한편, 출판에서의 다양성 문제는 정부 정책과도 밀접한 관련을 맺고 있다. 해방 이후 한국의 출판 정책은 상당 기간 출판의 다양성을 제한하는 방향, 곧 출판 규제로 진행되었다. 이것은 한국이 권위주의 정부의 틀을 벗어나지 못한 데에서 연유한다. 즉, 1945년 해방 이후부터 1993년 문민정부가 들어서기 이전까지 한국의 출판 정책은, 극히 짧았던 제2공화국 시기를 제외하고는 철저히 규제 중심의 정책이었다.

당시 시행된 규제란 법적 규제와 비법률적 규제를 말한다. 법적 규제란 법제에 근거한 물리적 탄압을 말하는데, 검열, 간행물 내용 수정 요구, 출판사 압수 수색, 출판인 구속, 출판사 등록 취소 등이다. 비법률적 규제란 행정부의 행정행위를 말하는데, 출판물 납본

필증 미교부 및 시판 중지 종용, 특정 도서의 판매 금지, 출판사 신규 설립 봉쇄 및 등록 취소 등이다.

이러한 규제는 주로 정권 유지를 위한 도구로 사용되었는데, 출판인들은 이에 굴하지 않고 검열과 판매 금지에 맞서 비판 서적들을 줄기차게 기획 · 출간함으로써, 출판의 자유와 다양성을 지키고 확장시켰을 뿐만 아니라 민주화에도 크게 기여하였다.

정부 정책이 이러한 규제 중심에서 출판 진흥으로 전환하기 시작한 것은 1993년 문민정부가 등장하고서부터라고 할 수 있다. 이후 책의 해(1993) 행사 지원, 도서관및독서진흥법 제정, 파주출판단지 조성 지원, 서울국제도서전 개최 지원, IMF 기간의 출판유통구조 개선자금 지원 등 각종 진흥 정책이 진행되기 시작하였다. 이러한 진흥 정책은 이후 국민의 정부에 들어와 크게 발전되었으며, 현 정부에서도 더욱 확장되고 있는데, 2002년 7월 국회 본회의에서 의결된 출판및인쇄진흥법을 통하여 제도적 뒷받침을 얻게 된다. 이때부터가 본격적인 출판 진흥 정책의 시작이라고 볼 수 있다.

3-3 정부의 출판 진흥 정책

정부의 출판 진흥 정책은 출판및인쇄진흥법이 생긴 이래 더욱 활발하게 이루어지고 있다. 출판및인쇄진흥법에 의하면, 문화관광부 장관은 출판 및 인쇄 문화 산업의 지원 · 육성을 위하여 양서 출판의 장려 · 지원, 국제 교류의 지원 등 진흥 정책을 매 3년마다 수립 · 시행하도록 한다고 되어 있다.

최근 시행된 정부의 출판 진흥 정책에 대하여 출판 다양성의 확보와 관련하여 첫째, 출판 산업 진흥을 위한 기반 조성, 둘째, 양서 출판 지원, 셋째, 전문 인력 양성 지원, 넷째, 국제 교류 지원, 다섯째, 법적 제도적 지원 등으로 나누어 살펴보고자 한다.

(1) 출판 산업 진흥을 위한 기반 조성

출판 산업 진흥 기반을 조성하기 위한 정책으로서 몇 가지 중요한 계획을 추진하고 있다.

첫째, 파주출판문화정보산업단지의 조성 지원이다. 파주출판문화정보산업단지는 기획, 생산, 유통 등 출판 산업의 세 요소를 집적하고, 관련 산업의 협업화와 유통 구조 개선을 통해 경쟁력을 강화하기 위해 경기도 파주에 조성하고 있는 대규모 단지이다.

파주출판문화정보산업단지사업협동조합에서는 출판 정보 교류 및 출판 관련 각종 행사를 개최하기 위하여 아시아출판문화센터를 2004년 9월에 건립하였다. 이 센터에서는 국제 문화 교류(국내외 북페어), 출판문화 정보 교류 및 저술 · 번역 활동 지원, 전시 · 교육 · 문화관광 등의 기능 수행을 통한 출판문화 산업을 꾀하기 위하여 설립하였다. 이를 위한 소요 예산은 2003년까지 국고 지원 85억 원(약 850만 달러), 민자 86억 원(약 860만 달러)이다.

둘째, 출판 유통 현대화 사업 지원이다. 2002년도에 국비 11억 원(약 110만 달러)을 지원하여 유통 도서 공용 데이터베이스(37만 8,000건)를 구축하였다. 이외에도 출판사와 서점을 위한 표준 업무 관리 시스템 구축, 출판 유통 현대화 관리 시스템 구축 등이 진행되고 있다.

셋째, 한국출판문화진흥재단의 기금 확충이다. 이 재단의 기금은 출판인들에게 출판 자금을 융자해 주는 데 주로 쓰이고 있다.

(2) 양서 출판 지원

문화관광부는 해마다 추천 도서를 선정, 지원하는 사업을 벌이고 있다. 이 지원 사업은 학술 부문 도서와 교양 부문 도서로 나누어 시행하고 있다.

학술 부문은 최근 1년간 발행된 도서 중에서 학술 성과가 돋보이고 학문의 보급 발전에 기여한 도서를 고르는데, 출판사들의 신청을 받아 2004년 250종, 2005년 256종을 선정하여 1종당 1천만 원 상당의 선정 도서를 구입하여 전국 공공 도서관, 해외문화원 등에 배포하였다.

교양 부문은 양서 출판 의욕 고취와 범국민 독서 생활화를 촉진하기 위해 시행하는 것인데, 총류, 역사, 종교, 철학, 문학 등 9개 분야에서 출판사로부터 신청을 받아 2004년 101종, 2005년 110종을 선정하여 지원하였다. 이렇게 선정된 도서는 한 종당 300만~600만 원 상당을 구입하여 공공 도서관, 문화소외시설, 해외문화원 등에 배포한다. 이러한 추천 도서의 선정 지원 사업에 2004년과 2005년 각각 30억 원의 예산이 소요되었다. 향후 지원 예산은 늘어날 계획이라고 한다.

(3) 전문 인력 양성 지원

출판 전문 인력 양성을 위한 정부 지원은 아직 시작 단계이다. 한국출판인회의에서는 신규 인력의 현장 투입 교육과 출판 업무별 직원 재훈련을 통해 1999년부터 운영해온 기존의 출판아카데미 강좌를 확대 개편하여 2004년 12월에 서울북인스티튜트(SBI)를 개관하였다. 문화관광부는 출판 산업의 질적 향상과 경쟁력 강화를 위해 SBI 설립에 5억 원을 지원하였다.

(4) 국제 교류 지원

출판의 국제 교류 지원에는 다양한 방법이 있다.

첫째, 국제도서전 지원이다. 정부는 서울국제도서전 개최 지원을 위하여 2004년 2억 5천만 원, 2005년 3억 원을 지원하였다. 북경도서전, 프랑크푸르트도서전 등 국제도서전의 한국관 설치 지원에 2004년 3억 5천만 원, 2005년 4억 원을 지원하였다. 특히, 프랑크푸르트 국제도서전에 주빈국으로 초청받았던 2005년 행사를 위하여 130억 원을 지원하였다. 이러한 지원은 한국 출판물의 해외 진출을 활성화하는 일에도 크게 기여하고 있는 것으로 평가된다.

둘째, 우수 도서의 외국어 번역 출판 지원 및 우수 도서 외국어 초록 책자 제작 사업이다. 2005년 우수 도서 600종에 대한 영문, 중문 외국어 초록 각 6천부를 제작 배포하는 데 2억 원을 지원하였다.

셋째, 국제 출판 교류 및 수출 지원이다. 2004년에 1억 5천만 원, 2005년에 3억 5천만 원을 지원하였다.

(5) 법적 제도적 지원

한국 출판 진흥 정책에서 가장 특기할 사실은 출판및인쇄진흥법의 제정이다. 이 법의 제정 이유는 현행 출판 관련 법규로는 출판의 자유를 신장하고 출판 인쇄 문화 산업을 종합적으로 진흥시키는 데 미흡하기 때문에 시대 변화에 맞추어 미래지향적이고 종합적인 법 체계를 마련하는 데 있다. 이 법에는 출판 인쇄 문화 산업 진흥 시책의 수립 시행, 전문 인력 양성의 지원, 국제 교류의 지원, 시설 유통의 현대화 지원 등을 명기하고 있다. 이외에도 이 법은 기존의 출판사 및 인쇄소 등록에 관한 법률을 폐지하고, 관할 시장, 군수, 구청장에게 신고하도록 하는 신고제로 바꾸었으며, 도서정가제를 법적인 의무 조항으로 규정하였다. 이것은 권위주의 정부에서 민주화된 정부로 전환하면서 출판 정책도 규제 위주에서 진흥 중심으로 방향을 바꾼 결실의 하나로 볼 수 있다.

3-4 문화 다양성을 위한 출판업계의 활동

출판 분야에서 문화 다양성을 위한 활동은 출판업계와 출판 관련 단체를 중심으로 민간 차원에서도 활발하게 펼쳐지고 있다. 이러한 활동을 첫째, 국제 교류, 둘째, 도서전 개최 및 참가, 셋째, 독서 운동 및 양서 선정 작업, 넷째, 출판 발전을 위한 세미나 개최, 다섯째, 도서정가제의 정착을 위한 노력, 여섯째, 출판 발전을 위한 법률 및 제도 정립을 위한 노력 등으로 나누어 소개하고자 한다.

(1) 국제 교류

국제 교류 활동은 외국의 출판 전문가를 초청하여 정보 교환 및 토론을 함으로써 출판계 발진을 위한 대안을 모색하는 작입을 대표적인 것으로 볼 수 있다. 구체적으로 최근 매해 출판도시문화재단 주최로 파주출판도시 아시아출판문화정보센터에서 진행되는 '동아시아 책의 교류'와 국제출판포럼 등이 있다. 2006년 10월에 행해진 '동아시아 책의 교류 2006'에서는 '아시아적 상상력과 북 디자인'을 주제로 일본, 대만, 중국, 한국의 북 디자인 전문가들이 모여 심포지엄을 벌였다. 국제출판포럼에서는 혁신과 새로운 수요 창출을 통한 출판 부흥을 주제로 러시아, 중국, 대만, 일본, 말레이시아, 태국 등의 출판 전문가를 초빙하여 인재 개발, 도서 제작, 용지 다양화 등의 분야로 나누어 진행하였다.

그 외에 한국출판학회에서 주최하는 국제학술회의가 있는데, 2006년에는 7월에 세종문화회관에서 중국과 한국의 출판학자들이 모여 '세계와 미래를 향한 출판 산업의 발전과 비전'을 주제로 세미나를 개최한 바 있다.

또한, 출협에서는 아시아태평양출판협회, 국제출판협회(IPA) 등에 참여하면서 출판인으로서 국제 교류에 적극적으로 참여하고 있고, 2008년에는 IPA 총회를 서울에서 개최하기도 하였다.

(2) 도서전 개최 및 참가

도서전은 서울과 세계의 주요 도시에서 해마다 열리고 있다. 대한출판문화협회에서는 이러한 도서전을 개최하거나 참여하고 있다. 즉, 매해 서울국제도서전을 서울 삼성동 코엑스 전시장에서 개최하고 있으며, 그 외에 해외에서 열리는 각종 도서전에 출판인들과 함께 참가하고 있다. 2004년 3월에는 방콕국제도서전에, 2005년 2월에는 타이베이국제도서전에, 2005년 10월에는 프랑크푸르트도서전에 주빈국으로 참여한 바 있다.

그 외에 2006년도에 참여한 국제도서전은 다음과 같다. 2월 타이베이국제도서전, 3월 파리도서전과 볼로냐아동도서전, 7월 동경국제도서전, 8월 북경국제도서전, 10월 프랑크푸르트도서전에 참가하였다.

(3) 독서 운동 및 양서 선정 작업

독서 운동은 다각도로 전개되고 있다.

첫째, 양서 선정 작업이다. 각 단체별로는 '이달의 청소년 도서'(출협 선정), '이달의 읽을 만한 책'(간행물윤리위원회 선정), '이달의 우수 문학도서'(한국문학예술위원회 선정), '어린이 권장도서'(어린이도서연구회 선정) 등이 있다. 그리고 시상 제도로는 한국과학기술도서상, 한국어린이도서상, 한국출판문화대상 등 우수 도서를 선정하여 포상하는 제도가 있다. 또한 앞에서 말한 문화관광부에서 지원하는 추천 도서 제도가 있고, 대한민국 학술원에서 매해 행하는 기초 학문 분야 우수 학술 도서 선정 작업이 있다. 이러한 작업들은 다양한 분야에서 수준 높은 도서들이 출간될 수 있도록 유도하고 지원하는 역할을 하고 있다.

둘째, 도서 기증 작업이다. 독서하는 분위기 조성을 위하여 산간

벽지나 낙도 또는 해외 동포들에게 책을 보내는 작업이다.

셋째, 북 페스티벌 또는 책 잔치를 벌이는 일이다. 2006년에 행해진 대표적인 것으로 서울 홍익대학교 일대에서 벌인 와우북페스티벌, 파주 출판도시에서 벌인 어린이책잔치가 있다. 어린이책잔치에서는 프랑스를 올해의 주제국으로 선정하여 서양 어린이 책의 원전을 감상하게 하는 기회를 제공하였다.

그 외에 독서 운동으로 '아침 10분 독서 운동'이 있다. 이 운동은 일본에서 1988년 시작된 것을 받아들인 것인데, 현재 초등학교를 중심으로 널리 확산되고 있다. 한국에서는 아침독서추진본부가 결성되어 2005년 3월 일본의 사례집인 〈아침 독서 10분이 기적을 만든다〉 (청어람미디어)를 번역 소개하였고, 2006년 2월에는 한국의 사례집인 〈대한민국 희망 1교시 아침 독서 10분〉을 발간하였다. 이와 더불어 아침독서신문을 매월 발행하여 전국의 초 · 중 · 고등학교와 공공 도서관, 민간 도서관 등에 무료로 배포하고 있다.

(4) 출판 발전을 위한 세미나 개최

출협에서는 매해 출판 경영자 세미나를 1박 2일 코스로 진행하고 있는데, 2006년에는 제주도 서귀포 하얏트 호텔에서 '다매체 시대 독서 진흥이 문화강국 만든다'라는 주제로 회원사 대표 및 임직원, 출판 관련 단체 인사, 출판 담당 기자 등이 모여 세미나를 한 바 있다. 그 외에도 학회, 출판연구소 등을 중심으로 저작권, 출판 정책, 도서정가제, 디지털 출판, 출판 교육 등을 주제로 세미나가 이루어지고 있다.

(5) 도서정가제 정착을 위한 노력

도서정가제는 대다수 독자를 대상으로 하여 잘 팔리고 과도한 할인을 쉽게 할 수 있는 책들만 강세를 띠게 되는 한국 출판 시장에서 일부 독자들을 겨냥하지만 수준 높고 다양한 내용의 책들이 진열 판매될 수 있도록 하는 데 기여하는 제도이다. 1977년 12월 이후 출판계와 서점가에서 자체적으로 확립하여 시행해온 도서정가제는 2002년 출판및인쇄진흥법 제정 이후 법적 보호를 받게 되었다. 그러나 이 법의 규정은 도서정가제를 2008년까지만 한시적으로 실시하게 되어 있어, 출판계, 서점가 및 관련 단체가 법 개정을 위하여 노력하고 있다.

(6) 출판 발전에 기여할 수 있는 법과 제도의 확립을 위한 노력

앞서 말한 도서정가제 관련 조항의 개정뿐만 아니라, 저작권법과 도서관법 개정, 청소년독서진흥법과 인쇄진흥법의 제정 등 출판 및 관련 분야의 발전을 위한 법적, 제도적 장치 마련을 위하여 노력해 오고 있다.

3-5 문화 다양성을 살리기 위한 출판계의 과제

한국 출판계는 문화 다양성을 위하여 나름대로 많은 관심을 기울여왔지만, 아직 해야 할 과제 역시 많다고 할 수 있다. 그러한 과제

중에서 중요한 것을 다음과 같이 정리해 보고자 한다.

첫째, 국제 교류의 강화이다.

현재 출판계의 국제 교류는 점차적으로 확대되고 있지만, 아직 만족스러운 수준은 아니라고 할 수 있다. 교류도 주로 외국 출판 전문가의 한국 초빙에 의해서 이루어지고 있다. 물론 이와 같은 방식의 국제 교류도 보다 더 활성화해야 할 것이다. 아울러, 국제 교류 방식을 다양하게 보완해야 할 것이다. 무엇보다도 출판인과 편집자들의 장기, 단기 해외 연수를 강화하여 국제화 감각을 갖춘 인재 양성에 관심을 쏟아야 할 것이다. 또한 능력 있는 인재 영입에도 힘을 쏟아야 한다. 즉, 외국어문학 전공자나 해외 지역 전문 연구자 등을 출판계로 불러 들여 그들의 아이디어와 지식을 최대한 활용할 수 있는 방안을 강구해야 한다. 또한, 한국에 유학 온 외국인들이 졸업 후에 출판사나 출판 관련 단체에서 일정 기간 활동할 수 있는 기회를 마련하는 방안도 검토할 필요가 있을 것이다. 그리고 해외 편집자들과의 교류를 활성화시켜야 한다. 이런 활동에는 정부에서도 정책적 지원이 있어야 할 것이다.

둘째, 번역 언어의 다양화이다.

최근 한국의 전체 신간 발행 종수에서 번역 도서가 차지하는 비중은 20%가 넘고 있다. 문제는 이 중에서 영어와 일본어의 비중이 압도적이라는 점이다. 독일어, 프랑스어 등은 물론 다른 국가의 언어는 그 비중이 미약하다. 출판에서 문화 다양성을 키우려면 번역 국가의 범위를 넓히는 작업을 해야 할 것이다.

셋째, 지역 출판 활성화이다.

현재 한국 출판은 전적으로 수도권에 집중되어 있다. 출판사 수에서나 발행 종수에서나 수도권의 비중이 90%를 넘고 있다. 이것은 인구 집중과 함께 문화적 집중을 말하는 것으로 바람직하지 않은 현상이다. 지역 출판, 특히 지역의 장점과 지역 문화의 특성을 살려내는 출판에 대하여 장려하고 지원하는 정책을 쓰도록 해야 할 것이다.

넷째, 남북 출판 교류 활성화이다.

남한과 북한은 수십 년 동안 서로 다른 정치 체제에서 살았기 때문에 그 문화적 성격도 상당 부분 달라졌다. 따라서 서로의 이질성에 대한 이해가 중요하다. 그러한 이해는 다양성을 확보하는 길이기도 하다. 독일은 통일 이전에 정치적으로 막힌 장벽을 출판 및 문화 교류를 통하여 뚫어낸 경험이 있는바, 우리도 그들의 경험을 교훈으로 삼아야 할 것이다.

현재 남북은 저작권 교류를 시작하고 있다. 북한은 2001년 3월 저작권법을 제정 공포하고, 2004년 6월 내각에 저작권 사무국을 신설했다. 남한의 경제문화협력재단이 남북 저작권 교류의 창구로 나선 데 이어, 북측 저작물을 출판하기 위해서는 북한 저작권사무국의 확인을 거친 후 이를 통일부에 제출하고 승인을 얻도록 하는 등 제도적 장치가 마련된 상태이다. 향후 남북 저작권 교류뿐만 아니라 남북의 공동 출판 산업도 활성화될 수 있도록 해야 할 것이다.

다섯째, 독서 교육에서 더 나아가 글쓰기 교육 강화에 힘써야 한다.

독서 교육이 바탕이 되어 이루어지는 글쓰기 교육이란 각자의 개성을 최대한 발휘할 수 있는 기반으로 작용하게 된다. 이것은 바로 문화 다양성을 키우는 일과 직결된다. 최근 일부 지방에서 시민들의 문집을 발행할 때, 시에서 보조함으로써 시민 글쓰기를 지원한 바 있다. 글쓰기 교육은 전국적으로 더욱 확산되어야 할 것이다.

4 책의 본질과 진화*

4-1 머리말

이 글의 목적은 책의 본질과 진화 양상을 살펴본 다음, 이를 토대로 한국적 상황에서 나타나는 문제점을 밝히는 것이다.

현재 우리 출판은 정보 기술의 급격한 발달로 이제까지와는 다른 차원의 도전을 맞고 있다. 그것은 책과 독서의 개념 자체를 흔들어 버릴 정도로 근원적인 변화를 요구한다. 이제 책의 본질을 다시 천착하면서 진화 양상에 따른 문제점을 찾아야 할 것이다.

4-2 책의 본질

책의 본질을 알려면 책의 근원으로 들어가 보아야 할 것이다. 다시 말해 책의 탄생이 어디에서 연원을 하고 있는지 살펴보는 일이다. 원래 책이란 말이 문자로 변형되어 쓰인 것이다. 문자에는 물론 그림이나 상징도 포함될 수 있을 것이다.

---

* 2007년 6월 2일 한국출판학회 주최로 코엑스 컨퍼런스센터에서 열린 '2007 서울국제도서전 기념 세미나'에서 '책의 본질과 진화 양상에 따른 문제점'이라는 제목으로 발표한 내용을 축약한 것임.

고대에 책은 매우 진귀한 존재였기 때문에 사람들이 가장 중요하다고 생각하는 내용을 담았을 것이다. 더욱이 고대인들은 문자 자체에 주술적인 힘이 있는 것으로 여겼기에 더욱 그러했을 것이다.

달리 말하면, 책이 진기한 것은 읽혀질 것으로 예정되어 쓰인 로고스(logos)를 품고 있기 때문이라고 할 수 있다(로제 샤르티에/굴리엘모 카발로 엮음, 이종삼 옮김, 2006). 로고스란 용어는 그리스 철학자들이 사용한 용어인데, 절대자의 섭리, 이를 아는 이성, 섭리의 표현 등의 의미를 담고 있다. 신약성경의 요한복음도 '태초에 로고스가 있었다. 로고스는 신과 함께 있었으니 로고스는 곧 신이다.'라는 문장으로 시작한다. 요한복음의 로고스는 한국 기독교 초창기에 도(道)라고 번역되었고, 후에는 '말씀'(Word)이라고 번역해서 지금까지 쓰고 있다.

결국, 책이 로고스를 품고 있다는 말은 책이야말로 인간의 지고한 정신의 표현이요, 거룩한 말씀이 쓰인 것이라는 의미로 볼 수 있다. 이러한 생각은 그리스 이래로 계속 발전되어 왔는데, 〈실낙원〉으로 유명한 영국의 문인 밀턴은 이와 같은 서적관을 출판의 자유와 관련지어 〈아레오파지티카〉에서 극명하게 표현한 바 있다. 즉, 그가 출판의 자유를 주장하는 것은 책을 죽은 물건이 아니라 생명을 지닌 존재로 보는 데에서 나오고 있다.

"책이란 결코 죽은 물건이 아니다. 그 속에 생명력을 지니고 있다. …… 사람을 죽이는 것은 신의 형상인 이성적 피조물을 죽이는 것이다. 그러나 좋은 책을 파괴하는 것은 이성 그 자체를 죽이는 것이며, 말하자면 눈에 보이는 신의 형상을 죽이는 것이다."

밀턴에 의하면, 책이란 '이성 그 자체'이며 '눈에 보이는 신의 형상'이 된다. 동양에서도 책은 성인의 가르침을 담아 놓은 그릇이기 때문에 매우 신성시되었다. 또한, 책은 지식을 쌓기 위해서가 아니라 성인(聖人)의 도리를 배우며 성인과 닮아가는 수행을 위한 것이었다. 따라서 책을 읽는 자세 자체에서도 진지하고 엄숙한 자세를 요구하게 된다.

이처럼 로고스 또는 성인(聖人)의 가르침을 담고 있는 책의 속성은 영원성으로 표현되기도 한다. 책의 영원성에 대하여 미국의 역사학자 클래런스 데이(Clarence Day)는 이렇게 말한다(차배근, 1995).

"책의 세계는 인간의 가장 괄목할 만한 창조물이며, 인간이 세운 유일한 영속물은 책의 세계이다. 기념비는 무너지고, 국가는 사라지고, 문명은 쇠퇴하여 암흑기가 온 다음, 다시 새로운 민족이 다른 문명을 세운다. 그러나 책의 세계는 그것이 쓰이던 때와 마찬가지로 여전히 젊고 새로우며 몇 세기 전에 죽은 사람의 마음을 지금의 우리에게 생생하게 이야기해 주고 있다."

또한, 프랑스의 비교문학자 로베르 에스카르피(1985)는 책은 고대 인류 역사 속에서 굶주림을 극복해낸 빵과 같은 역할을 했다고 주장한다.

"책도 빵과 같은 것이다. 세계 도처에서 곡물을 생산하고 거기서 기본 식량을 만들어 낸 것은 굶주림과 대항해서 싸운 원시인들의 위대한 승리였다. 그 결과 빵은 거의 신성시되었으며 굶주림에서 해방시켜준 노동, 생존, 그리고 성찬(聖餐)의 상징이 되었다. 많은 사람들은 오늘날에도 여전히 한 조각의 빵에 대해 이러한 본능적인 존경심을 품고 있는데, 그들의 전체적인 기억 속에서 빵은 흐릿하게나마 구세주처럼 인식된다. 책 역시 이와 똑같은 종류의 드러나지 않은 숭배의 대상이다. 그 까닭은 책이 정신의 양식이었으며, 무지와 예속에 대항해서 싸운 고대인들이 이룩한 위대한 승리였기 때문이다."

무지와 예속에 대한 저항. 책이 없었다면, 인류 문명은 없었을 것이요, 미신의 굴레 속에서 지금도 살고 있을 것이다. 단적인 예로, 기독교와 불교 같은 종교가 책이라는 경전이 없이 수천 년을 내려왔다면, 어떻게 인류 역사 속에서 진리와 구원의 빛을 비쳐줄 수 있었겠는가.

본질적 의미에서 책은 현실보다는 진리를 더 중시하기 때문에, 시대를 앞서갈 수밖에 없게 된다. 오늘날 고전으로 평가받고 있는 수많은 서적들이 한동안 금서로 취급당한 사실이 이것을 입증한다.

책은 모든 진보와 사회 발전의 바탕이라고 일컬어지고 있으며, 인간 교육과 인류의 문화 형성에 절대적인 영향력을 행사해 오고 있다.

4-3 책의 진화

책의 진화라고 하지만, 책의 본질적 측면에서 말하는 진화는 아니라고 본다. 왜냐하면 앞에서 말한 인간 정신의 표현, 진리의 구현, 문화의 힘을 발현하는 매체의 본질로서의 책의 속성이 달라지는 것은 아니기 때문이다. 다만, 책의 형태, 책의 복제 방식, 책을 읽는 독서 방식은 사회적 변화와 과학 기술의 변화에 따라 달라져 왔다. 책의 진화 양상을 형태, 복제 기술, 독서 방식으로 나누어 간략히 설명하고자 한다.

(1) 재료와 형태의 진화

책의 재료와 형태는 밀접한 관계가 있다. 책의 재료라고 하면 으레 종이를 재료로 한 책자본을 생각하겠지만, 종이가 본격적으로 사용된 것은 2세기 이후, 서양에서는 12세기 이후의 일이다.

먼저, 종이 사용 이전에 사용되었던 책의 재료 또는 필사 재료는 다음과 같다.

첫째, 거북의 등(龜甲)과 짐승의 뼈(獸骨)가 있다. 합쳐서 갑골(甲骨)이라 하는데, 여기에 글자를 새겨 넣었다고 하여 갑골문자라 부른다.

둘째, 쇠붙이와 돌이다. 합쳐서 금석(金石)이라고 한다. 여기에 새긴 글이 금석문이다. 고구려 광개토왕릉비, 신라의 진흥왕순수비 등이 바로 그것이다.

셋째, 점토판이다. 메소포타미아에서는 흙(점토)을 빚어 책을 만들었다. 구약성서의 천지창조 이야기와 노아의 홍수에 관한 기록이 모두 점토판에 나와 있다.

넷째, 죽간(竹簡, 대나무 조각)과 목독(木牘, 나무 조각)이다. 중국에서는 여기에 문자를 새긴 다음, 그것을 가죽 끈으로 엮어 책으로 만들었다. 시경, 서경, 제자백가(諸子百家)의 저술 등이 죽간, 목독으로 만들어진 책들이다.

다섯째, 파피루스(papyrus)이다. 이집트의 나일강변에서 많이 자라던 살대의 일종인데, 필사 재료로는 기원전 3500년경부터 고대 이집트에서는 물론이고 서양으로 퍼져 나가 11세기까지 사용된 것으로 알려져 있다. 파피루스로 만든 책의 형태는 두루마리 형이었다. 고대의 알렉산드리아 도서관은 70만 권의 파피루스 도서를 소장하고 있었다고 한다.

여섯째, 양피지이다. 4세기부터 유럽에서 성경 등 책의 주된 재료로 사용되기 시작하여 널리 퍼졌다. 양피지는 파피루스와 달리 질기고 튼튼하여 오래 보존하기에 좋았다. 양피지로 만든 책의 형태는 비로소 오늘날과 같이 페이지를 구별할 수 있는 책자본이었다.

다음은 종이에 대하여 살펴보자. 종이의 발명은 보통 서기 105년, 앞서 말한 중국 후한의 채륜(蔡倫)이 한 것으로 전해진다. 그러나 1986년 중국 간쑤 성(甘肅省) 천수 시(天水市)에서 전한(前漢) 초기(B. C. 176~141년)의 것으로 추정되는 종이 지도가 출토됨으로써 종이의 발명은 최소한 기원전 2세기 이전으로 앞당겨지게 되었다(小宮英俊, 1992). 세계에서 최초로 만들어진 종이책은 중국 진(晉)나라 때 진도(A. D. 233~297)가 베껴 쓴 〈삼국지〉라고 한다(남창송, 1990). 종이 제조 기술이 한국에 도입된 시기는 보통 4~5세기경으로 잡고 있다. 그리고 고구려의 담징이 610년에 종이 제조 기술을 일본에 전수하였다. 그 후 중동과 유럽 지역으로 전파되었다. 757년에 사마르칸트에 제지 공장이 생겼고, 900년 이집트, 1150년

스페인으로 제지 기술이 퍼져 나갔다.

이 종이로 만들어진 책은 현재까지도 책의 기본 재료로 애호되고 있다. 그러나 최근 전자 출판물이 등장하여 책의 형태가 전혀 새로운 양상을 띠게 되었다. 전자 매체인 컴퓨터 디스켓이나 콤팩트디스크 등이 등장한 데 이어, 화면으로만 보게 되는 화면 책까지 나오게 되었다.

(2) 복제 기술의 발달

최초의 복제 방법은 손으로 베껴 쓰는 것, 곧 필사본의 제작이었다. 물론, 필사본 제작이 소량 생산인 것만은 아니었다. 이미 그리스 로마 시대에 도시문명의 발달과 함께 필사본의 다량 생산이 행해졌다. 그 방법은 노예들이 책 한 권을 여러 번 베껴 쓰거나, 한 사람이 큰 소리로 낭독하면 그것을 여러 사람이 받아쓰는 것이었다.

지식이 대중에게 널리 보급된 것은 인쇄술의 발명 이후였다. 인류가 발명한 최초의 인쇄술은 나무판 위에 종이를 올려놓고 솔로 문지르는 방식, 곧 목판 인쇄였다. 이때부터 한꺼번에 다량의 서적을 만들 수 있게 되었다. 이에 따라 많은 사람들이 책을 구할 수 있게 되었고, 교육이 널리 보급되었으며, 사람들의 지식수준도 한결 높아지게 되었다. 이 목판 인쇄술은 8세기 무렵 동아시아 지역에서 시작되어 서양 쪽으로 전파되었다.

이러한 목판 인쇄 다음은 활자 또는 활판 인쇄의 시대이다. 활자의 경우, 찰흙이나 나무로도 만들어 보았으나, 사용이 불편하고 쉽게 마모되기 때문에 실용적이지 못했다.

고려에서 금속 활자를 발명하고 난 이후에야 이러한 문제가 해결되었다. 이규보가 지은 〈신인상정예문발미〉(新印詳定禮文跋尾)에는 〈고금상정예문〉(古今詳定禮文)(50권) 28부를 금속 활자로 인쇄했다는 기록이 나온다. 그 인쇄 연대는 대개 1234년경으로 잡고 있다. 그러나 금속 활자 사용을 증명해 주는 구체적인 실물은 1377(고려 우왕 3)년에 인쇄된 〈백운화상초록 불조직지심체요절〉(白雲和尚抄錄 佛祖直指心體要節)이다. 이 책은, 1972년 유네스코가 제정한 '세계 도서의 해'를 맞아 프랑스 국립도서관이 특별전을 열면서 공개됨으로써 세계 최초의 금속 활자본으로 인정받게 되었다.

구텐베르크가 활판 인쇄술을 개발한 정확한 연대는 나오지 않고 다만, 1450년대 정도로 보고 있다. 구텐베르크의 가장 중요한 사업은 〈42행 성서〉의 발간이었는데, 철저히 상업적인 목적으로 인쇄 작업에 들어간 것이다. 당시 성경 한 권을 필사하려면 보통 6개월이 걸렸고, 책값도 매우 비싸져서 필사본 성경 한 권의 값은 큰 저택 한 채 값에 해당될 정도로 비쌌다고 한다. 따라서 그것을 찍어낼 수 있는 인쇄술을 통하여 큰돈을 벌 생각을 했던 것이다.

이러한 구텐베르크의 인쇄술은 삽시간에 전 유럽으로 퍼져나갔다. 이와 함께 인쇄 기술도 계속 발전해 나갔고 산업 혁명기 이후 기계화되었다.

1980년대 중반 전자 출판이 등장하면서 그동안 사용하던 활판 인쇄 방식을 대체하게 되었다. 활판 인쇄를 통하여 모든 국민이 자유롭게 책을 읽게 되는 시대가 왔다면, 전자 출판의 등장은 개개인이 책을 만들어낼 수 있는 시대를 열어놓았다. 바로 DTP 곧 탁상출판,

각 개인이 자기 책상에서 곧바로 책을 출판하게 되는 시대가 열린 것이다.

전자 출판이란 컴퓨터를 이용하여 출판 행위를 하는 것이다. 전자 출판의 제1단계는 컴퓨터 편집으로 종이책을 제작하는 것이다. 제3단계는 전자 방식으로 상호 통신이 가능한 새로운 네트워크형 출판이다. 이는 온라인형 출판, 화면 책 출판, 전자책(eBook) 출판 등으로 불리고 있다.

특히, 제3단계로 최근 등장한 전자책은 기존의 인쇄 미디어와는 확연히 다른 디지털 정보 양식에 근거하고 있다. 디지털 정보 양식은 여러 가지 범주에서 이전과 다른 특징들을 보여준다. 즉, 정보 생산자, 의사소통 수단의 유형, 정보의 의미 생성 방식, 그리고 이용자와 미디어의 인터페이스라는 새로운 특징을 담고 있고, 이것은 이전의 인쇄미디어와 다른 특성을 나타내는데, 강진숙(2001)은 이에 대해 다음과 같이 설명한다.

우선, 정보 생산자의 범주에서 볼 때, 디지털 정보 양식은 기존의 분업적 텍스트 생산자의 성격에서 벗어나 다양한 소수의 멀티미디어 생산자 겸 이용자의 성격을 갖고 있다. 둘째, 의사소통 수단의 유형에서 보면 상호작용성을 띠고 있는 PC통신과 인터넷, 그리고 CD-ROM 등 다양한 디지털 매체 형태로 나타나며, 정보 구성 방식에서도 기존의 텍스트적 구성에서 벗어나 하이퍼텍스트적인 다차원적 구성으로 이루어진다. 특히 이용자의 미디어 접근과 이용 형태면에서 일방적인 인터페이스에서 벗어나 쌍방향적인 인터페이스로 이용자와의 상호작용을 기본 특성으로 하고 있다.

이러한 디지털 정보 양식은 전통적인 인쇄미디어의 정보 양식이 갖고 있는 한계를 극복하면서 동시에 미디어 이용자들의 정보 이용과 참여의 폭을 넓히고 있다.

오늘날 종이책과 전자책은 함께 성장하고 있다. 전자책 시장이 확대되는 추세이기는 하지만, 종이책의 종말을 거론하는 것은 책의 본질에 비추어 볼 때에는 물론이고 미래 산업의 방향에서 살펴보더라도 단견이요 잘못된 주장이라 할 수 있다.

(3) 독서 방식의 변화

읽기는 진화의 산물이고, 따라서 우리가 무엇을 읽을 수 있는가 하는 질문의 답은 우리 각자가 속해 있는 고유문화에 바탕을 두고 있다(한스 요아힘 그립, 2006).

고대 사회에서 글을 읽을 수 있는 사람은 권력자에 속했다. 이것은 동양에서도 마찬가지였다. 그런데 독서 방식은 시대에 따라 다르게 나타났다. 즉, 소리 내서 읽는 낭독에서 묵독으로 변해간 것이다. 일반적으로 고대의 독서는 청중을 대상으로 한 낭독이었다. 말하자면 독서란 남이 낭독하는 것을 듣는 행위였다. 이것은 동서양 모두 공통적이었다.

한국에는 전문적으로 책을 읽어주는 직업이 있었다. 즉, 조선 시대에 활동했던 강담사(講談師) 혹은 전기수(傳奇叟)의 존재이다. 서양과 마찬가지로 전 국민의 대부분이 문맹자인 상황에서, 강담사와 전기수는 이들의 독서 욕구를 채워 주는 역할을 맡았다고 한다.

낭독 외에 개인적인 독서에서도 음독(音讀)이 성행하였다. 이 역시 동서양이 공통적이었다. 한국 서당에서는 처음 〈천자문〉부터 배우기 시작하여 〈동몽선습〉 〈통감〉 〈소학〉 〈사서삼경〉 등을 배워 나가는데, 소리를 내어 읽고 외우는 방식을 택한다.

중세 초기에 유럽에서는 음독에서 묵독 또는 중얼거리는 독서로 전환되었다. 독서는 무엇보다도 신을 알고 영혼을 구원받기 위해 하는 것이기 때문에, 사람들은 책을 이해하고 숙고하고 가능하다면 암기까지 해야 했다(로제 샤르티에/굴리엘모 카발로, 2006).

영혼의 구원을 위한 명상적인 독서 방법은 성인의 길을 가기 위한 율곡의 독서관과 일맥상통할 수 있다. 율곡은 독서 방법을 이렇게 제시한다(〈국역 율곡신서 Ⅳ〉, 1998).

"독서할 때는 반드시 단정히 꿇어 앉아 전심치지(專心致志)하여 그 의취(義趣)를 궁구하기에 힘쓰고 서로 돌아보며 이야기해서는 안 된다."

한편, 유럽에서는 11세기 말부터 14세기에 이르는 시기에 도시의 부활과 함께 학교가 부활하게 되었는데 이 학교를 중심으로 독서가 널리 퍼져 갔으며, 16세기 이후 묵독이 일반적인 독서 관행으로 자리잡아갔다(로제 샤르티에/굴리엘모 카발로, 2006).

그런데, 최근 전자책의 등장으로 인하여 독서 방식도 완전히 달라졌다. 낭독이든 음독이든 이제까지의 독서란 저자의 글에 의존하여 체제와 의미를 맞추어 가는 것이었다. 그러나 하이퍼텍스트 시대에 들어와서 그것은 전혀 다른 양상으로 바뀌게 되었다.

하이퍼텍스트에서 독자는 자신이 원하는 곳만을 클릭해 본다. 독자는 광대한 데이터베이스의 바다 속에서 자신이 원하는 정보를 검색하여 복사하고 자르고 편집한다. 이 행위는 일종의 해석이며 창조인데, 작업이 끝난 뒤 정보는 없있던 것처럼 다시 데이터베이스의 바다 속으로 되돌려진다(최혜실, 2001).

4-4 진화 양상에 따른 문제점

책의 진화 양상에 따라 다양한 장점도 나오지만, 동시에 많은 문제점도 생길 수 있을 것이다. 이 글에서는 특히 한국적 상황에서 생기는 문제점을 세 가지로 나누어 제시하고자 한다. 첫째, 글쓰기 능력의 약화이다. 둘째, 독서 시간의 감소이다. 셋째, 콘텐츠의 부족이다.

(1) 글쓰기 능력의 약화

책의 진화 과정에서 문제가 되는 것은 사고의 파편성이다. 인쇄매체는 통일성과 일관성을 요구한다. 그리고 전체적인 구도를 보여준다. 그러나 화면 책이나 전자책에서는 단편 단편의 연속적인 전개로 이루어진다.

최근 신미영(2006)은 컴퓨터 글쓰기와 전통적인 펜 글쓰기가 학생들에게 미치는 영향을 연구한 결과, 컴퓨터 글쓰기는 전통적인 글쓰기에 비하여 사고하는 시간이 짧다는 사실을 밝혀낸 바 있다.

더욱이 요즘에는 전통적인 글쓰기의 전형인 편지 쓰기도 거의 없어졌고, 휴대전화에서 매우 짧은 단문으로 이루어질 수밖에 없는 문자 보내기만 성행하고 있다. 이것은 논리적인 글쓰기 훈련을 할 기회가 줄어들고 있음을 의미한다. 인터넷에서 글쓰기는 글의 맞춤법을 수시로 무시하며 사고의 파편화를 재촉하고 있다.

체계성과 논리성의 훈련이 이루어지지 못하고 있는 것은 사실상 학교 교육에서 보충할 경우 큰 문제가 없을 것이다. 그러나 수능 준비와 입시 위주의 현 교육 상황에서 이러한 훈련은 거의 이루어지지 못하고 있는 실정이기 때문에 그 심각성이 크다고 할 수 있다. 글쓰기 교육이 초등학교에서 다소나마 이루어지다가 중학교에 진학한 이후 학교와 학부모가 모두 입시 전략에 따라 움직이고 있기 때문에 논리적인 글쓰기 교육이 제대로 이루어지지 못하고 있다. 특단의 대책이 요구되는 실정이라 하겠다.

또 다른 문제점은 글쓰기 교육 대신에 입시에 적응하기 위한 논술 연습만이 횡행하는 실정도 올바른 글쓰기 교육에 오히려 걸림돌이 되고 있다. 인간 정신의 최고 표현인 고전을 읽어야 하는 이유도 단지 논술을 잘하기 위해서라는 주객이 전도된 주장이 나오고 있는 실정이다.

(2) 독서 시간의 감소

영상 매체와 인터넷 및 컴퓨터 게임의 확산 등으로 독서 시간이 줄어들고 있다. 독서를 사회적 과제인 양, 교육의 과제인 양 표면적으로 강조하고 있지만, 효과적인 독서 교육은 이루어지지 않고 있으며, 실질적인 독서 시간은 줄어들고 있다. 향후 전자책이나 하이퍼텍스트 같은 유형의 독서물이 더 많이 나오게 될 때, 기본적인 독서 능력이 받쳐주지 못한다면, 사람들의 독서 능력은 향상될 기회가 더욱 줄어들 것이다.

독서 시간의 축소는 한국만의 현상은 아니다. 최근 일본 같은 전통적인 독서 강국에서도 독서 시간이 줄어들고 있다는 지적이 나오고 있다. 그러나 정보와 문화 능력이 국가 경쟁력을 좌우하는 오늘날 독서 능력의 강화는 시급한 과제가 아닐 수 없다. 최근 도서관은 일부 지역에서 설립되고 있으나, 도서와 그것을 관리할 사서가 부족하여 원래의 취지를 살리지 못하는 곳이 많다고 한다. 또한, 우리의 교육은 독서 능력의 향상과 긴밀한 관계를 맺지 못하고 있으며, 심지어 반대 또는 왜곡된 방향으로 흐르고 있다. 근본적인 검토와 대책 마련이 시급한 실정이다.

(3) 콘텐츠의 부족

책의 본질과 진화 양상을 살펴볼 때 책의 형태나 복제 기술이 어떻게 발달하고 변화하든지 가장 중요한 것은 책에 담아야 할 내용일 것이다. 그러나 현 한국적 상황에서 콘텐츠의 부족은 커다란 문제가 아닐 수 없다. 현재 정부 방침에서 하드웨어 또는 인프라 구축에는 많은 관심과 예산이 집중되고 있지만, 콘텐츠 창조에는 소홀한 형편이다.

우리의 도서 저작권 수출은 한 해에 500종을 헤아리는 반면에, 번역물은 전체 발행 종수의 30%에까지 이르고 있으며, 베스트셀러 서적 역시 외국 작가들의 책이 80%를 차지하고 있는 실정이다.

미래의 세계는 모든 산업에서 문화의 중요성이 커질 것이기 때문에, 향후 국가 경쟁력은 중국, 인도, 러시아 등 문화적 전통이 강한 나라가 유리할 것이라는 전망도 나온 바 있다. 한국 역시 개발할 수 있는 문화적 전통이 강한 나라이다. 또한, 우리는 현대 디지털 시대에 적응력이 뛰어난 한글을 사용하고 있으며 정보 기술도 선진국에 뒤지지 않고 있다. 그러나 문화적 콘텐츠의 창조와 개발에는 그리 적극적이지 못하였다. 인터넷의 발전과 확산에 따라 전 세계가 하나의 거대한 네트워크로 연결되려고 하는 시기에, 콘텐츠의 부족은 문화적 종속 현상을 불러오기 쉽다. 콘텐츠 창조 능력을 강화할 수 있는 방안을 다각도로 마련해야 할 것이다.

4-5 맺음말

이상으로 책의 본질을 검토하고 진화 양상에 따른 문제점을 살펴보았다. 책의 진화와 함께 독서 방식도 변화하였다. 특히, 전자 출판의 발달로 하이퍼텍스트 시대의 독서로 전환하면서 작가와 독자의 관계도 달라졌다. 즉, 작가와 독자가 기존처럼 수직적이고 일방적인 관계가 아니라, 독자가 작가의 기존 텍스트를 재해석하고 새로운 텍스트를 구성할 수도 있는 관계로 바뀐 것이다.

책의 진화 양상에 따른 문제점으로 글쓰기 능력의 약화, 독서 시간의 감소, 콘텐츠의 부족 세 가지가 지적되었다. 글쓰기 능력의 약화는 감각적이고, 단편적 정보에 익숙한 디지털 환경에서 기인한다. 학교 현장에서부터 체계적이고 논리적인 글쓰기 교육이 이루어져야 할 것이다. 독서 시간의 감소는 전자 기술 발달에 따른 뉴미디어의 대중적 보급 이후 전 세계적으로 일어나고 있는 현상이다. 그러나 문화 선진국은 국민 독서 진흥을 위하여 정부가 나서서 적극적 정책을 펴고 있다. 우리도 독서 환경을 조성하고 국민 독서 능력을 강화하는 일에 정부 정책의 우선순위를 두어야 한다. 콘텐츠의 부족은 한국이 정보화 사회에 대비하여 하드웨어 또는 인프라 구축에만 집중하고 소프트웨어 개발과 문화 창조를 소홀히 한 데에서 기인한다. 이제라도 정부 정책과 교육 정책이 문화 콘텐츠를 장려하고 창조 능력을 키우는 방향으로 나가야 한다.

■ 참고문헌

강진숙(2001). "디지털 정보 양식과 웹진", 〈출판@디지털커뮤니케이션〉, 이진출판사.

〈국역 율곡전서 Ⅳ〉(1988). 한국정신문화연구원.

남창송 책임편집(1990). 〈중국의 세계 제일〉, 연변 : 동북조선민족교육출판사.

로베르 에스카르피 지음(1985), 임문영 옮김, 〈책의 혁명〉, 보성사.

로제 샤르티에/굴리엘모 카발로 엮음(2006), 이종삼 옮김. 〈읽는다는 것의 역사〉, 한국출판마케팅연구소.

小宮英俊(1992). 〈紙の文化誌〉, 東京 : 丸善株式會社.

신미영(2006). 〈인터넷 작문과 펜 작문의 사례 연구 - 중학교 2학년 학생을 중심으로〉, 이화여자대학교 교육대학원 국어교육 전공 석사학위논문.

차배근(1995). "출판매체론", 범우사 기획실 편, 〈출판학원론〉, 범우사.

최혜실(2001년 봄호). "디지털 서사(e-narrative)의 현황과 전망", 〈계간 사상〉.

한스 요아힘 그립 지음(2006), 노선정 옮김. 〈읽기와 지식의 감추어진 역사〉, 이른아침.

제2장

출판문화 발전을 위한 제언

1. 밀레니엄 시대 출판의 나아갈 방향
2. 2000년대 정부의 출판 정책
3. 출판 규제는 출판 정책을 후퇴시키는 일
4. IPA 서울 총회와 출판 발전

1 밀레니엄 시대 출판의 나아갈 방향*

이제 곧 새로운 세기, 아니 또 다른 밀레니엄을 맞게 된다. 최근 밀레니엄이란 용어의 앞뒤에 요란한 수식어를 덧붙이지만, 밀레니엄이란 시간의 단위이다. 시간을 축으로 삼아 출판의 특성을 말한다면, 두 가지로 나눌 수 있다. 첫째는 시대 상황을 초월하는 출판의 영구성이고, 둘째는 시대와 사회의 반영물이면서 동시에 시대를 이끌어 가는 견인차의 역할을 하는 출판의 시대성이다. 밀레니엄 시대 출판의 나아갈 방향도 이런 특성에 따라 생각해 볼 수 있을 것이다.

먼저, 출판의 영구성부터 살펴보자. 책은 매체의 특성상 신문이나 방송에 비해 영속적인 생명을 지니고 있다. 책은 시간을 초월해서 수백, 수천 년 전의 사람과 정신적 대화를 가능케 한다.

〈실낙원〉으로 잘 알려진 서사시인 존 밀턴은 이미 17세기에 출판의 자유를 옹호하는 팸플릿 〈아레오파지티카〉(Areopagitica)에서 책의 영원성을 갈파한 바 있다. 그는 사람은 '신의 이성적 창조물'이고 책은 '이성 그 자체'라고 하면서, 책을 없애는 행위는 '영원성'을 말살하는 일이라고 주장하여 책의 중요성을 강조하였다.

---

* 〈출판문화〉, 1999년 12월호.

지금 전 세계가 새로운 세기와 밀레니엄이 겹침에 따라 흥분하고 있지만, 책의 세계는 밀레니엄의 변화에 흔들리지 않는 세계이다. 예를 들면 성경이나 불경 등의 종교 경전은 물론 노자, 장자, 공자, 제자백가 등 동양의 고전, 그리스 철학과 문학 작품 등의 서적들은 밀레니엄을 두 번이나 넘어서서 오늘날에도 읽히며 깊은 영향을 끼치고 있는 것이다. 한국의 경우도 〈삼국유사〉나 〈삼국사기〉 같은 책들은 밀레니엄을 넘어서서 고전으로 빛을 발하고 있으며, 세계 최초의 목판 인쇄물로 알려진 〈무구정광대다라니경〉은 1,250여 년 전의 원본까지 남아 있어 밀레니엄을 뛰어넘어 한국인의 자랑스러운 인쇄 문화를 증명해주고 있다.

이렇듯 출판은 영원성을 전제로 하는 것이기 때문에, 밀레니엄이라 해서 새삼스럽게 대수로워 할 일은 아닐 것이다. 따라서 진정한 출판인의 입장에서는 영원히 남을 한 권 한 권의 책을 기획하여 오늘의 독자들에게 전하는 것이 출판의 변함없는 방향일 것이다.

다음, 두 번째 특성은 출판의 시대성이다. 출판은 영구한 속성을 지니고 있지만, 시대 속에서 역할을 찾는 동시대성의 특성도 함께 지니고 있다. 우리가 새로운 세기, 새 천년을 맞아 나아갈 방향을 탐구해 보자 함도 바로 이러한 출판의 시대성을 강조하는 데에서 오는 것이라고 생각된다. 인류는 오래 전부터 출판이 시대와 사회에 끼치는 영향력을 인식해왔다. 이러한 사실은 동양의 경우 필사본 시대부터 당국을 비판하는 책을 펴내는 사람에게 살인범보다 더 가혹한 형벌을 가했고, 서양에서도 인쇄술이 전파되기 이전부터 책의 검열이 행해진 데에서도 확인된다.

출판은 동서양에서 인쇄술이 발달하면서 사회와 역사 발전의 원동력으로 작용해 왔다. 동아시아의 찬란한 문화와 교육의 발달, 서양의 경우, 마르틴 루터의 종교 개혁, 프랑스 혁명, 미국의 노예 해방 운동, 가까이는 한국의 70~80년대 민주화 및 사회 변혁 운동 등에 이르기까지 출판의 영향은 실로 지대한 것이다.

이러한 출판의 힘에 대한 인식을 전제로 밀레니엄 시대 출판의 나아갈 방향을 몇 가지로 나누어 살펴보고자 한다.

첫째, 통일을 준비하는 출판, 통일 이후를 대비하는 출판으로 나아가야 한다. 최근의 국내외적 흐름은 한반도의 통일을 멀지 않은 장래의 일로 전망케 하고 있다. 이때 우리의 출판도 남북의 화합을 촉진하고 문화적 동질성을 회복시키는 방향으로 나아가야 할 것이다. 또한 우리의 언어를 더욱 아름답고 풍성하게 하며 민족 문화의 장점과 특성을 세계에 알릴 수 있는 문화적 구심체가 되어야 할 것이다. 이를 위해 남과 북은 서로가 상대방을 민족 문화 건설의 공동 주역으로 인식하는 미래 지향적 사고방식이 요구된다.

둘째, 앞으로의 출판은 세계화를 지향해야 한다. 현재 국제표준도서번호(ISBN) 제도가 실시되어 우리의 도서도 세계 도서 시장의 자리 매김에 참여하고 있으며, 출판, 도서 유통 등의 모든 분야가 개방된 상태이다. 지금은 세계저작권조약의 가입 초기와 같은 방어적인 자세로는 살아남기 힘들고 공격적인 태세로 세계 시장에 나아가야 할 때이다. 그러나 현재는 우리의 출판물이 세계 시장에 퍼지기는커녕 해외에 있는 교포들의 수요와 욕구조차 충족시키지 못하고 있는 형편이다. 이제 세계로 눈을 돌려야 한다. 근래에 몇몇 출판인들을 중심으로 국제 교류가 차츰 늘어나고 있는 것은 바람직한 현상이라 생각한다. 출판이란 문화 그 자체를 만들어 파는 산업이기 때문에, 우리 고유의 것을 찾아 개발하고 국제적인 감각을 익힌다면, 문화 민족으로서의 오랜 전통과 역사는 언어의 장벽을 뛰어넘어 출판의 세계화에 유리한 요소로 작용할 것이다.

셋째, 전문화의 방향으로 나가야 한다. 출판의 전문화는 개별 출판사의 생존 전략이기도 하지만, 세계화 시대 우리의 영역을 확보하는 기본 전제이기도 하다. 그러나 아직도 출판은 전문직이라는 인식이 부족한 것이 현실이다. 한국의 출판사 수는 1998년 현재 13,822개사를 기록하고 있지만, 이중에 무실적 출판사 수가 11,484개사로 83.1%나 차지하고 있다. 1년에 5종 이하를 발행한 출판사도 1,293개사(9.4%)나 된다. 이럴진대 어떻게 출판의 전문화를 논의할 수 있겠는가?

우선 출판인 자신이 전문인으로서의 긍지를 갖고 이에 걸맞은 노력을 해야 한다. 그리하여 출판, 그 중에서도 특정한 분야를 집중적으로 연구 기획하면서 그 분야에서만큼은 전 세계에서 가장 뛰어난 책을 만드는 전문인이 되어야 한다.

넷째, 신정보기술을 활용하여 출판 영역을 최대로 확대하는 방향으로 나가야 한다. CD-ROM 등의 전자 출판물 제작이나 인터넷 등 네트워크상의 출판을 출판 영역에서 제외시키는 것은 출판의 상당 부분을 포기하는 어리석은 일이다. 전자 출판이란 사실상 멀티미디어 제작과 함께 맞물리는 일이다. 아무리 최신의 정보 기술을 활용한다 해도 그 기본은 소프트웨어의 창안, 또는 이른바 콘텐츠 곧 내용물의 형성이 주가 될 것인바, 이는 바로 기획을 중심으로 삼는 출판 고유의 영역인 것이다. 이 영역을 어떻게 음반 사업이나 컴퓨터 사업에서 주도하게 내버려두고 있는지 우리 출판인들은 반성해야 할 것이다. 출판인들은 전자 출판을 새로운 비즈니스 찬스의 도래로 인식하여 기존의 출판과 전자 출판이 융합하는 출판 산업을 확립해야 한다는 목소리에 귀 기울여야 할 것이다.

다섯째, 창의력을 바탕으로 한 기업화이다. 오늘날 한국의 출판 산업은 영세한 것으로 알려져 있지만, 상위 그룹을 놓고 볼 때는 규모 면에서 신문이나 방송 산업에 뒤지지 않고 있다. 한 예로서 〈회사연감〉에 의하면, 대교(주)는 1996년 이후 연간 매출액이 4천억 원을 넘어서서 방송사나 신문사의 제1위 그룹과 비슷한 규모이고 당기순이익에서는 훨씬 더 높게 나타나 있다. 그 외의 상위권 5대 신문사와 출판사의 규모도 큰 차이를 보여주지 않고 있다. 매체의 특성상, 신문이나 방송은 하루 한 번 또는 24시간이라는 시간적 제약을 받지만, 출판은 그런 시간적 제약이 필요 없는 사업이기에 그야말로 무한한 확대 가능성의 사업이라 할 수 있다.

출판의 기업화에서 문제점을 하나 지적하고자 한다. 중소 규모의 출판사들이 독창적으로 기획하고 필자를 발굴하여 효과적인 마케팅으로 베스트셀러 작가를 탄생시키면, 대규모 출판사 또는 중앙일간지에서 운영하는 출판사에서 바로 그 작가를 불러들여 제2탄, 3탄의 도서를 출판하고 막대한 광고를 하는 것을 종종 보게 된다. 이것은 거꾸로 된 상황이다. 큰 규모의 출판사일수록 새로운 필자를 개발하고 독자의 수요를 창출해야지 남이 부상시킨 필자를 재탕으로 활용하는 일은 삼가야 할 것이다. 출판의 기업화를 창의력이 아닌 모방으로 이루는 것은 의미 없는 일이다. 대기업일수록 드넓은 세계 시장에 나가 더욱 클 생각을 해야지, 좁은 우물 속에서 안전만을 도모해서는 안 된다고 생각한다.

여섯째, 이상의 모든 일은 결국 사람에 달린 일이므로 출판계에서는 인재 양성에 주력해야 할 것이다. 특히 상상력과 창의력을 지닌 새로운 전문 인력의 양성은 출판의 세계화 시대에 필수적인 전제 조건이 아닐 수 없다. 동시에 출판인에 대한 재교육 또한 활발하게 이루어져야 할 것이다.

끝으로 우리의 출판을 발전시키기 위해서는 독서 교육을 강화하는 방향으로 나가야 할 것이다. 독서 능력을 키우고 독서 습관을 길러주는 일이 학교 교육의 근본으로 수행되어야 함에도 불구하고 우리의 교육 현실은 그렇지 못한 실정이다. 최근 정부 당국은 이 문제의 개선을 위하여 힘을 쏟고 있지만, 지속적인 정책 사안으로 제기되어야 할 것이다. 언론 기관이나 시민 단체 등에서도 사회 교육의 차원으로서 독서 운동을 활발히 전개해야 할 것이다. 또한 출판인들은 양서의 발간을 통하여 이런 모든 독서 교육과 독서 운동에 힘을 실어 주어야 할 것이다.

2 2000년대 정부의 출판 정책*

출판 정책은 성격상 출판문화 진흥 정책과 출판물의 기획 · 편집 · 제작 및 판매 · 유통 과정을 통제하는 출판 규제 정책으로 나눌 수 있다. 광복 이후 군사 정부가 지배한 시기에는 정권 안보와 이데올로기적 기준에 따라 규제 위주의 정책이 우선이었으나, 참여정부는 문민정부와 국민의 정부에서 보여준 진흥 위주의 정책을 이어받고 있다.

문화관광부가 제시한 2003년도 문화 산업 분야 진흥 계획 가운데 출판 관련 분야 내역을 살펴보면, 국제 교류 행사 지원, 우수 도서 지원, 출판 유통 현대화, 잡지 전문 인력 양성의 4개 분야로 나눌 수 있다.

그러나 참여정부의 진흥책은 전체적으로 아직 상징적 의미에서 벗어나지 못하고 있는 실정이다.

첫째, 출판 진흥 정책을 지속적으로 확대 · 발전시키기 위해서는 문화 정책 담당자들은 물론, 국민 전체의 문화 의식이 제고되어야 한다.

---

* 〈대한매일〉 2003. 6. 17. 한국출판학회 주최로 2003년 6월 14일 열린 정기학술대회에서 '참여정부 출판 정책의 허실과 발전방안'이라는 제목으로 필자가 발표한 것을 〈대한매일〉에서 요약한 것임.

문화관광부가 지난 5월 '책 중심의 대한민국 비전'을 구현하기 위해 파주출판문화산업단지를 세계적인 출판 명소화하면서 '아시아 어린이 책문화 축제'를 개최하겠다고 발표한 것은 출판 산업의 인프라를 구축하기 위한 것으로 의미가 있다. 아울러 전자 출판 관련 기술 개발, 수익 모델 개발, 유통 기반 구축, 시장 형성 및 활성화를 위한 자금 지원 등도 중요한 계획이다.

둘째, 산 · 학 · 관의 연계를 강화해 출판 진흥이라는 한 목표를 향해 나가야 한다. 현재 출판 정책 수립 · 집행 · 평가에 대한 학계의 의견은 거의 무시되고 있는 상황이다.

특히 출판및인쇄진흥법이 진흥기금의 확보와 운영에 관한 조항을 두지 않아 선언적 규정에 그치고 있는 것이나, 출판유통심의위원회 구성에서 학계 인사를 배제해 온 것은 잘못된 관행이다. 위원회의 구성과 운영은 공정성과 합리성을 보장할 수 있어야 한다.

셋째, 현재 국제 교류 사업을 주로 지원하고 있으나 남북의 출판 교류도 지원해야 한다. 개별 출판사의 사업으로는 교류 자체가 어렵고 효과도 크지 않을 것이다.

넷째, 출판 관련 학과 및 학문을 지원해야 한다. 정보화 사업을 위해 IT 관련 학과에 지원하는 예산에 비하면 문화 콘텐츠 및 출판 지원 예산은 너무 미미하다.

다섯째, 상징적인 우수 학술 도서 및 추천 도서 지원 제도에서 벗어나 실질적인 육성책으로 전환되어야 한다.

현재 매년 3만여 종의 발행 도서 가운데 300여 종을 선정해 지원하고 있는데, 선정 가능성이 낮아 신청 자체가 미미하고 추천 도서에 어울리지 않는 사례가 적지 않다. 특히 영리성을 고려하지 않고 학문의 발전을 위해 출간하는 학술 도서에 대해서는 선정 숫자와 지원금을 대폭 확대해야 한다.

조세 제도를 합리적으로 개선해 도서 제작 관련 용역 및 서점 임대료에 대한 부가가치세 면제, 서점의 신용카드 수수료율 인하 추진 등도 바람직한 방향이라고 생각한다. 출판 전문 인력을 양성하고 지방 출판문화도 육성해야 한다.

여섯째, 가정, 학교, 사회, 언론 등이 독서 습관을 형성하고 지속시켜 나갈 수 있는 환경을 구축하고 교육을 해나가야 할 것이다. 정부는 특히 초등학교부터 대학까지 독서 교육 강화에 힘을 쏟아야 한다.

정부는 출판 정책을 진흥 중심으로 적극적으로 확대하고 있다. 그러나 각론 부분에서는 방향감의 상실, 선언적인 지원, 공정성의 우려 등이 그대로 남아 있다. 이는 산 · 학 · 관의 연계 아래 건전한 비판과 대안 제시로 극복되어야 한다.

3 출판 규제는 출판 정책을 후퇴시키는 일*

최근 출판 규제가 한국 사회의 현안으로 떠올랐다. 국방부가 23종의 도서를 불온 도서로 규정하여 영내 반입을 금지한 것이다. 이것은 표면적으로는 국방부가 군인을 대상으로 하는 규제로 보이지만, 실제는 현 정부가 전 국민을 대상으로 출판 규제를 시작하겠다고 선포한 것이나 다름없다. 이 점은 국방부의 규제와 같은 맥락에서 교육과학기술부의 교과서 수정 지시라는 전근대적 방식의 행정적 강제력이 동원되고 있는 데에서 확인된다. 심지어 현재 교과부의 강제력은 산하 교육청으로 내려가고 있으며 다른 과목 교과서의 내용까지도 간섭하려 하고 있다. 이와 같은 행태들은 명백히 비민주적인 출판 규제에 해당된다.

출판 규제란 권위주의 정부나 독재 정권에서 시행하는 제도인데, 해방 이후 우리 정부의 정책도 여기에 속한다. 다시 말하면 4·19 혁명 이후 잠시 있었던 제2공화국을 제외하고 1990년대 초반에 이르기까지 정부 정책은 규제 일변도였다. 검열, 서적 압수 및 판매금지, 출판사 등록 취소, 출판인 불법 연행 및 구속 등 다양한 방식으로 자행된 부끄러운 출판 규제가 바로 우리 시대에 행해진 것이

* 〈출판저널〉 2009년 1월.

다. 1980년대 초반에 시작된 제5공화국에서는 출판사 등록 자체가 원천적으로 봉쇄되었다. 1987년 6월 민주 항쟁 이후 국민적 저항에 굴복한 군사 정부가 일시 민주화 조치를 하면서 출판 등록이 가능해졌지만, 이후에도 정부 정책의 중심은 규제에 있었다.

1993년 문민정부의 등장과 함께 출판 정책은 규제에서 진흥으로 방향을 바꾸었다. 이것은 우리 사회의 민주화가 진전된 데에서 나온 것인데, 동시에 정보화 사회에서 출판문화의 중요성을 인식한 결과였다. 오늘날 출판 산업은 모든 문화 산업의 핵심일 뿐만 아니라, 그 매출액의 규모에서도 방송, 광고, 게임, 영화 등 문화 산업의 다양한 분야 중에서 압도적으로 큰 비중을 차지한다. 그래서 지금 선진 각국에서는 출판문화 산업을 진흥하고자 적극적인 정책을 펴고 있는 것이다.

한국도 수년 전 출판문화산업진흥법을 제정하여 현재 시행하고 있다. 더욱이 지난 5월 서울에서 열렸던 IPA(국제출판인협회) 총회에 이명박 대통령이 직접 참석하여 세계 각국의 출판인들에게 출판 진흥을 위하여 노력하겠다는 약속을 한 바 있다. 그러나 최근 정부 정책에서 다시 출판 규제라는 강제력을 노골적으로 행사하고 있으니, 정부의 출판 진흥 의지를 정면으로 부정하는 일이 아닐 수 없다. 출판 규제는 한국의 출판 정책을 후퇴시키는 일일 뿐 아니라, 역사의 시계를 거꾸로 되돌리는 일이다.

하긴 출판 탄압의 역사는 매우 길었다는 사실을 기억하지 않을 수 없다. 인쇄술이 나오기 이전의 고대 중국에서도 당국을 비판하는 책을 펴낸 사람에 대해서는 살인범을 처벌하는 것보다 더 가혹한 형벌을 가했다. 특히, 15세기 중반 유럽에서 새롭게 등장한 활판 인쇄술 덕분에 다양한 서적들이 다량으로 발간되고, 권력을 비판하는 팸플릿들이 쏟아져 나온 이후, 출판 규제는 본격적으로 시작되었다. 그러나 프랑스 혁명과 영국의 명예혁명 등을 거치며 민주주의와 함께 출판의 자유는 확고하게 정립되었다. 말하자면 수백 년의 역사적 시행착오를 거쳐 이룩된 것이다.

이러한 서구의 역사에 비하면, 한국에서 민주화와 출판의 자유는 매우 짧은 기간에 성취되었다. 그러나 아직은 우리 사회 지식인과 정책 담당자들의 내면에까지 민주 의식이 뿌리내리지 못하고 있다. 최근에 불거지고 있는 전근대적이고 비민주적인 행태들도 이를 확인시켜 준다. 새삼 민주 교육이 더욱 활성화되어야 한다는 생각을 갖게 한다. 그러나 문제는, 교육 행정을 책임지고 있는 당국 자체가 강제적인 교과서 수정과 같은 비민주적인 정책을 고집함으로써 민주 교육에 역행하고 있다는 점이다.

개인이나 단체가 교과서의 내용에 대하여 의견을 제시하는 것은 민주주의 사회에서 하등 문제될 것이 없다. 어떤 문제에서든 활발한 의견 제시와 토론을 통하여 해결책을 찾는 것이 민주주의와 학문의 길일 것이다. 그런데 교과서 문제에 대하여 본격적인 토론이 시작되기도 전에, 정부 당국이 단순한 선입견만으로 비민주적인 조치를 취하는 것은 우리의 학문과 교육을 후퇴시키고 출판문화를 위축시키는 행위가 된다.

교과서는 국민 교육의 기초이며 한 나라의 지식과 문화 수준을 나타내는 가장 좋은 자료이다. 이번 교육과학기술부의 교과서 수정

지시로 촉발된 파문은 우리 국가의 문화 수준을 끌어내리고 있다. 교과부 장관은 정권이 교체될 때마다 바뀔 수 있지만, 교과서의 정치적 중립성은 언제나 변함없이 유지되어야 한다. 그래서 우리가 교육을 백년대계라고 부르는 것이다.

민주주의 국가에서는 정권이 수시로 교체된다. 그럴 때마다 교과서가 달라져야 한다면, 교과서는 국민의 교육 수단이 아니라 정권의 보조 기구로 전락하게 될 것이다. 우리는 독재 정권 시절에 이와 같은 과오를 숱하게 경험하지 않았는가.

이번에 일부 출판사는 교과부의 지시에 따라 집필자의 동의 없이 교과서를 수정할 계획이라고 하는데, 이것은 교과부의 규정상 허용될지 몰라도 불법 행위이다. 저작자의 동의 없이 저술 내용을 고치는 것은 저작인격권의 동일성 유지권 침해이므로, 저작권법에 명백하게 위반되는 사항인 것이다. 현 정부의 처사는 이러한 불법 행위를 행정력을 동원하여 강제하고 있는 것이므로 즉각 중지되어야 한다. 교과부는 저작권법을 위반한 저술을 출판하게 할 수 있는 초법적 지위에 있지 않다는 사실을 깨달아야 한다.

프랑스의 문학사회학자인 에스카르피는 "역사적으로 책은 정신의 양식이었으며, 무지와 예속에 대항해서 싸운 인류가 이룩해낸 위대한 승리"라고 갈파한 바 있다. 물론 이러한 책의 승리는 강제력의 동원에 의해서가 아니라 '공표'를 통해서였다. 영국의 출판인 언윈의 표현대로, 공표란 '진리의 낱알을 편견 · 미신의 왕겨에서 키질해서 골라내는 것'으로, 이 과정을 촉진하기 위해 공개 토론의 광장을 여는 것이 출판인의 역할이라 할 수 있다.

더욱이 지금 한국 사회는 과거에 비하면 상당한 수준의 민주주의가 이루어진 가운데, 정부가 붙인 불온서적의 딱지를 조롱하며 스스로 좋은 책을 가려낼 수 있는 안목을 지닌 국민들이 있기 때문에, 출판인들은 더욱 분발할 수 있을 것이다.

4 IPA 서울 총회와 출판 발전*

IPA(국제출판협회) 총회가 서울에서 열린다. 새삼 출판의 국제화 문제를 생각해 본다. 한국에서 출판의 국제화에 대한 인식은 1980년대 후반 세계저작권조약(UCC)의 가입 이후 형성되기 시작했다고 볼 수 있다. 또한, 1992년부터 국제표준도서번호(ISBN) 제도가 실시되었고, 1990년대 후반 출판 산업 시장이 전면적으로 외국에 개방되기 시작하였으며, 2005년 한국은 프랑크푸르트 국제서적박람회에 주빈국으로 참여하는 소중한 성과를 올렸다.

그러나 이번 IPA 총회의 서울 개최는 과거와는 전연 다른 차원의 국제화라고 할 수 있다. 즉, 이전까지의 출판 관련 국제화가 외국의 요구에 의하여 수동적으로 이루어졌거나 또는 빈객으로 초청 받은 것이라면, 이번 IPA 서울 총회는 한국이 주최자로서 출판의 세계 무대를 우리의 안방으로 끌어들였다는 점에서 그 의미가 각별하다.

이와 같은 IPA 총회의 서울 개최를 보면서 한국 출판계의 국제적 위상이 높아졌음을 새삼 확인하게 된다. 물론 우리의 국력이 커진 것이 배경으로 작용했을 것이다. 그 국력은 수출이 주도하는 한국

* 〈출판저널〉, 2008년 5월. "IPA 서울 총회, 한국의 문화적 경쟁력을 높이는 계기"라는 제목으로 게재.

경제의 힘이 밑바탕일 것이다. 그러나 아직도 한국은 문화적으로는 수출 강국이 아니라 수입 의존국이다. 특히, 출판 분야에서의 수입 의존도는 부끄러울 정도로 높은 수준이다.

출판 산업에서 우리 책 저작권의 해외 수출은 연간 500종을 넘지 못하고 있다. 반면에 외국 수입 도서에 해당하는 번역 도서 출판은 연간 1만 종을 넘어섰다. 독자의 호응도를 알려주는 베스트셀러 통계에서도 외국 저자의 작품들이 절반 이상을 차지하고 있다. 장기간 팔리는 스테디셀러 조사에서는 더욱 극심한 격차를 보여준다. 최근 수년간 교보문고에서 가장 많이 팔린 스테디셀러를 조사한 결과, 최상위 10위권 도서에서 1종을 뺀 9종이 외국인의 저술이었다.

이와 같은 높은 수입 콘텐츠 의존도는 결국 국내의 문화적 경쟁력이 매우 취약하다는 것을 의미한다. 이번 IPA 서울 총회를 한국의 문화적 경쟁력을 높이는 계기로 삼아야 할 것이다.

한국은 수천 년간 문화 민족을 자부하며 살아왔다. 세계 최초의 금속 활자 발명도 그 근거의 하나로 제시하고 있다. 우리 민족은 전쟁의 와중에도 일치단결하여 팔만대장경을 조성함으로써 문화 민족임을 만천하에 드러낸 바 있다. 또한 한글은 정보화 사회에서 가장 유용한 문자로 인정받고 있다. 이처럼 한국은 역사적으로 문화 강국이 될 수 있는 저력을 지닌 나라이다. 한국이 1980년대에 도서 발행량에서 세계 10위 안에 드는 출판 대국으로 발전하게 된 것도 민족의 문화적 저력이 현대에 되살아난 것으로 볼 수 있다.

그러나 2000년대 이후 한국 출판은 정체 현상을 보이고 있다. 이것은 신간 발행 종수의 변화 추이에서 뚜렷이 나타나고 있다.

1990년대 후반 만화를 포함하여 신간 발행 종수가 3만 5천 종을 기록한 이후, 현재까지도 4만 종대 언저리를 맴돌고 있다. 그러나 일본은 꾸준히 증가하여 1996년 6만 2천 종을 기록한 데 이어 2001년 이후 7만 종을 넘어섰다. 중국도 신간 발행 종수가 2002년에 10만 종을 기록한 이래 2004년에는 12만 종을 넘어서게 됨으로써, 양적인 면에서는 한국과 상대가 되지 않을 정도로 성장하였다. 향후 이와 같은 격차는 더 크게 벌어질 것으로 예상되기 때문에, 특별한 대책이 있어야 할 것이다.

이와 같은 인식에서 한국 출판문화의 발전을 위한 몇 가지 제언을 하고자 한다.

첫째, 문화 콘텐츠의 개발에 힘써야 한다.

수천 년의 역사를 지닌 한국은 문화적 다양성과 풍요로움을 살려내기에 매우 좋은 전통을 지니고 있다. 출판인들은 이러한 민족의 문화적 전통을 활용하여 문화 콘텐츠를 개발할 수 있는 능력을 키워야 한다.

문화 콘텐츠 개발의 부족 현상은 최근 한국에서 출판 산업이 정체되고 있는 이유의 하나일 것이다. 그동안 정보화 사회에 대비해야 한다는 명분에서 하드웨어의 확충에만 매달려 왔지만, 지금부터는 소프트웨어의 개발에 관심을 기울여야 할 것이다. 아울러 출판인들은 인문, 사회, 과학 등 기초 분야 서적의 기획을 강화해야 한다. 정부에서는 이러한 서적의 저술과 출판 기획 활동을 장려하고 지원해야 한다.

둘째, 출판 전문 인재의 육성에 주력해야 한다.

모든 문화와 산업의 추진 동력은 전문 인력이다. 우리의 급속한 경제 성장도 절대적으로 교육에 힘입은 것이다. 한국 출판문화 산업의 현재와 미래도 출판 전문 인재를 어떻게 양성해 내느냐에 달려 있을 것이다. 그러나 오늘날 출판인 양성을 위한 전문 교육은 매우 취약한 실정이다. 그동안 10여 개 이상의 2년제 대학에 개설되었던 출판 전공 학과는 대부분 다른 학과로 변경되었고, 4년제 대학에 있던 출판 전공 학과도 모두 사라져 버렸다. 이러한 실정은 현재 비약적인 출판 발전을 이루고 있는 중국의 경우와 크게 대비된다. 중국은 4년제 출판 편집 관련 학과를 설치 운영하는 곳이 총 51개 대학이며, 석사 학위 과정은 29개 대학, 박사 학위 과정은 7개나 된다.

출판 전공이 학부 이상의 과정에 개설되어 유능한 출판 기획자를 제도적으로 양성해 내야 한다. 최근 문화관광부에서 내세운 '출판 지식 산업 육성을 위한 정책 과제'(2007)에서 출판 전문 대학원의 설립을 제시한 것은 시의적절한 일이라고 생각한다.

아울러 정부는 콘텐츠 창조 능력이 있는 인재들을 키울 수 있도록 최대한 지원해야 한다. 한국이 IT 강국으로 발전하게 된 데에는 정보통신부의 전폭적인 지원이 큰 힘이 되었을 것이다. 정통부는 IT 교육 지원비로 한 해에 1천억 원이 넘는 예산을 배정하여 집행하지 않았는가. 앞으로는 국가 예산을 문화 콘텐츠 창조 능력을 발휘할 수 있는 인재들을 양성하는 사업에 써야 할 것이다.

또한, 외국어 능력이 있고 해외 지역 정보에 밝은 젊은 인재들을 출판계로 끌어들여 유능한 출판 기획자로 키워내야 한다. 동시에 현 출판계 종사자들에게 해외 출판문화를 경험할 수 있는 연수 기회를 대폭 확대해야 한다. 이를 위해서는 개별 출판사와 출판 관련 단체의 지원과 노력도 있어야 하지만, 정부의 전폭적인 정책적 지원이 있어야 할 것이다.

셋째, 출판 비평을 활성화해야 한다.

출판 비평의 활성화는 능력 있는 작가들의 저술 의욕과 출판인들의 기획 의지를 강화시키기 위한 것이다. 출판 비평이 출판사의 상업적인 홍보 수단에 머물거나 독자를 현혹하는 덕담에 그쳐서는 발전이 없다. 비평 기준을 세계적인 문학이나 저술의 수준에 놓고 시시비비를 철저하게 가리면서 엄격하게 해야 한다. 출판 선진국에서는 세계 최고 지성의 작품과 저술들이 베스트셀러로도 등장하고 있다. 한국의 저술가들도 세계 최고 수준이면서 독자들의 호응을 얻을 수 있는 역량을 지니고 있다. 그 역량을 최고도로 발휘할 수 있도록 출판 비평을 강화해야 한다. 사실 최근 우리 젊은 독자들의 감각은 이미 국제화되어 있기 때문에 그들의 호응을 얻는다면 곧바로 세계 독자들에게도 같은 평가를 받을 수 있을 것이다.

넷째, 출판 연구 기능을 강화해야 한다.

출판 연구의 활성화는 출판 산업 발전의 기본 토대이다. 출판의 학문적 연구는 1960년대 말 이래 학회를 중심으로 지속적으로 이루어져 왔으나, 연구 여건은 아직도 부실한 상태에 처해 있다. 현재 출판 연구를 위한 독립된 대학 연구소조차 없으며, 출판 연구를 담당하는 기관은 한국출판연구소 한 곳으로 전 직원 3명에 불과하다. 그러나 중국의 경우는 대학 부설 출판 연구 기관을 비롯하여, 150여 명의 직원으로 구성된 방대한 조직의 중국출판과학연구소가 있다. 일본의 경우도 한국보다는 훨씬 앞서고 있다. 한국 출판의 미래를 생각할 때, 출판 연구 기능의 강화는 시급한 과제가 아닐 수 없다.

다섯째, 독서 진흥에 관심을 쏟아야 한다.

동서고금을 막론하고 국민의 독서 능력 향상은 국가의 경쟁력 강화로 직결된다. 이것이 오늘날 선진국일수록 국민의 독서 진흥에 진력하는 이유이다. 우리의 독서 환경은 과거에 비해서 다소 나아지기는 했지만, 아직도 매우 열악한 수준이다.

각급학교와 지역 사회에 소규모 도서관을 계속 확충해야 하고, 독서 교육과 독서 운동을 활성화시켜 독서의 생활화가 이루어지도록 해야 한다. 각급학교별로 우수 독서 교육 사례를 선정, 장려하고 널리 홍보하여 전체 학교로 확산될 수 있도록 해야 한다. 또한 지역 사회에서도 각 지방 자치 단체별로 독서 진흥을 위한 다양한 정책과 방안들을 찾아내어 국민 독서 문화를 정착할 수 있도록 해야 한다. 그 정책의 수립과 시행 및 바람직한 제도적 장치를 만드는 일에 앞장 선 지방 자치 단체를 선정하여 널리 홍보해야 한다. 이를 위해서 출판 및 독서 관련 단체와 언론계가 적극적으로 나서야 할 것이다.

여섯째, 출판 진흥 기구를 설립해야 한다.

지금 우리 출판 산업은 한 · 중 · 일 3국 중에서 가장 열세에 놓여 있다. 현재의 정체 상태가 심각할 뿐만 아니라 미래 전망에서도 비관적이다. 그러나 출판문화산업진흥법에 나와 있는 대로, 출판 발전을 정부의 시책에만 기댈 수는 없는 일이다. 출판진흥법을 개정하여 진흥을 주관할 법제화된 민간 기구가 있어야 한다. 그런 점에서 작년 4월 참여정부가 출판 진흥 계획의 하나로 제시했고, 이명박 정부가 대통령 공약으로 발표한 출판 진흥 기구의 설립이 빠른 시일 내에 이루어져야 할 것이다.

거듭 강조하지만, IPA 서울 총회는 한국 출판문화 발전의 중요한 계기가 되어야 한다. 현대 지구촌 사회에서 국제화는 모든 국가에서 그 문화와 경제를 살릴 수 있는 필수적인 전제 조건이다. 이러한 전제 조건을 이번 IPA 총회를 통하여 주체적으로 최대한 키워 나갈 때, 한국의 출판문화는 한 차원 높게 도약할 수 있을 것이다.

제3장

인쇄 문화 진흥과 민족정신의 고양

1. 인쇄 문화 진흥은 민족정신을 살리는 길
2. 인쇄문화산업진흥법의 제정을 바라며
3. 유럽 인쇄 문화의 발상지 마인츠를 가다

1 인쇄 문화 진흥은 민족정신을 살리는 길*

최근 언론 기사에서 우리를 답답하게 하는 일 두 가지가 있다. 하나는 도박 게임 '바다 이야기' 파문이고, 또 다른 하나는 중국의 '동북 공정' 프로젝트이다.

경제가 어려워 큰 고통을 받고 있는 서민들까지 '바다 이야기'에 빠져들어 21조 원이나 되는 엄청난 금액이 도박으로 낭비되었다고 한다. 도박에 중독되어 일상생활을 못하는 사람들이 240만 명이나 되는 것으로 추산하고 있다. 또한, 정부 조사에 의하면, 젊은 세대(9~39세) 중에서 컴퓨터 중독에 빠져 치료가 필요한 환자의 비율은 약 2.4%로서 무려 54만 6천 명이라고 한다. 중독 위험 수위에 접근한 비율도 10.2%나 된다고 하니, 국민들의 정신이 흐려져 있음을 알게 된다.

또한, 중국에서는 동북 공정 프로젝트를 더욱 공세적으로 강화하면서, 고구려사 왜곡에서 더 나아가 민족의 성지인 백두산 천지까지 완전히 중국 소유로 만들려 하고 있다. 그동안 우리는 중국을 통해 들어가 백두산 천지를 바라보면서도 민족의 정기를 흠뻑 느끼고 왔는데, 이제 백두산 전체가 중국 것이라니….

---

* 월간 〈인쇄 문화〉, 2006년 10월.

필자는 이러한 상황을 일종의 문화적 내우외환이라 부르고 싶다. 내적으로는 도박 따위로 국민정신이 흐려지고 있고, 외적으로는 민족정기의 상징인 백두산 천지까지 도둑맞으려 하고 있다.

5천년 역사와 문화 민족임을 자랑하는 우리가 왜 이렇게 되었는가.

작금의 경제나 정치, 외교 등 상황 탓을 해서는 안 될 것이다. 그런 상황의 어려움이라는 것은 한국 문화사, 특히 인쇄 문화사를 살펴볼 때, 변명거리가 되지 못한다. 우리는 외세의 침략 속에서도 팔만대장경을 조성하여 수준 높은 문화 강국임을 대외에 널리 알렸고, 대내적으로 국민 총화를 이룩했던 민족이다. 이러한 문화 민족이기에 금속 활자를 세계 최초로 발명하여, 국가적으로 대대적인 인쇄 출판 사업을 벌인 것은 당연한 귀결이겠다.

그러나, 요즘 감각적인 영상물의 범람, 쓸모없고 유해한 정보들이 걸러지지 않고 무차별적으로 나도는 인터넷 환경, 도처에서 사행심을 부추기는 분위기 등으로 인하여, 우리 민족의 자랑인 인쇄 문화의 전통을 선양하고 새로운 문화를 창출해낼 가능성이 희박해지지 않나 우려된다.

인쇄 문화의 발전은 학교 교육에서, 국민들 속에서 읽기와 쓰기가 활발하게 일어날 때 가능하다. 읽기와 쓰기는 우리로 하여금 생각할 수 있는 힘을 길러준다. 지식과 문화가 생산력의 가장 중요한 원동력이 되는 정보화 사회에서는 창의적인 사고를 하는 사람이 앞서가게 된다. 우리의 인쇄 문화 전통은 이러한 창의성을 불러내는 데 가장 적합한 토대이다. 그러나 최근 우리의 소중한 전통이 위협받고 있다.

지금은 인쇄 문화 전통을 살려내야 할 때이다. 그것이 눈에 보이지 않는 민족정신을 회복하는 길이다. 민족정신의 회복은 구호로써가 아니라 구체적인 인쇄 출판물로 표출되어야 한다.

인쇄 문화 진흥을 통하여 대내적으로, 위축된 국민정신을 일으켜 세우고, 대외적으로, 민족정기를 당당히 내세울 수 있어야 할 것이다. 최근 논의되고 있는 인쇄문화산업진흥법의 제정 문제도 민족정신을 살려낸다는 차원에서 보다 적극적으로 추진되어야 할 것이다.

2 인쇄문화산업진흥법의 제정을 바라며*

최근 인쇄문화산업진흥법 제정에 대한 여론이 커지고 있다. 지난 5월 3일 국회에서 열렸던 공청회가 이것을 단적으로 보여준다. 공청회는 국회의원 회관 대회의실은 물론이고 통로와 복도에까지 꽉 들어찬 참석자들로 대성황을 이루었다. 이들은 3시간이 넘는 공청회 내내 진지하고 적극적인 태도로 주제 발표를 들으며 토론에 임했다. '인쇄문화산업진흥법의 필요성과 법안'이라는 주제로 그날 발표된 내용에는 우리 인쇄 문화의 과거, 현재, 미래가 녹아 있었다. 즉, 과거 역사에서 드러나는 우리 민족의 인쇄 문화에 대한 자부심, 현재 인쇄 문화 산업의 발전을 바라는 염원, 미래에 그 염원을 실현시키기 위한 방안까지 알차게 담겨 있는 것이다.

또한, 단순히 인쇄가 아니라 '인쇄 문화 산업'의 진흥이라고 한 것은 탁견이라고 생각한다. 그것은 자랑스러운 민족 문화의 전통에 부합할 뿐만 아니라 정보와 문화가 중심이 되는 현재 정보화 사회의 요구에도 들어맞기 때문이다.

필자의 경험에서 볼 때, 인쇄와 출판은 동전의 양면이다. 예전에 출판계에서 편집자로 일할 때 책의 기획 단계부터 인쇄 문제는 때

* 월간 〈Printing trend〉, 2006년 6월.

어놓을 수 없었고, 대학에서 출판 역사를 강의하는 지금도 자연스레 인쇄의 역사를 거론하게 되고 그것은 다시 책의 역사로 귀결됨을 보게 된다. 그래서 출판및인쇄진흥법은 자연스러운 이름이지만, 그 법 안에서 인쇄 분야는 상대적으로 큰 비중을 차지지 못하고 있다. 따라서 현재 인쇄계에서 별도의 법안을 마련하려는 시도는 당연한 일일 것이다. 출판계에서도 인쇄계의 이러한 시도에 대하여 찬성하는 분위기인 것 같다. 인쇄의 진흥이 바로 출판의 진흥과 맞물리기 때문일 것이다.

인쇄문화산업진흥법의 제정과 관련하여 참고로 출판및인쇄진흥법의 시행 경과를 알릴까 한다. 2002년 8월 제정 공포된 출판및인쇄진흥법은 2003년 2월 이후 시행되어 3년이 지났다. 그 사이 한국의 출판 정책은 규제의 틀을 완전히 탈피하여 진흥 중심으로 전환하였다. 그러나 진흥의 실제적인 성과는 아직 미흡하고, 법 역시 선언적 의미를 크게 벗어나지 못하고 있다. 그 이유는 여러 가지가 있겠지만, 출판 진흥의 주체가 없는 점이 가장 중요한 요인이라고 생각한다. 이 법에서는 문화관광부가 출판 진흥을 주도하게 되어 있다. 그리고 진흥의 대상은 출판 산업계이다. 즉, 지원자와 그 대상자로만 존재하는 것이다. 출판 진흥을 위한 정책의 기획과 집행 자체를 평가하는 시스템이 처음부터 생략되어 있다. 달리 말하면, 진흥 계획이 제대로 된 것인지, 그 집행이 정해진 기준에 따라 공정하게 이루어지고 있는지 파악하고 방향을 잡아줄 역할을 할 법정 기구가 빠져버린 것이다. 이 문제를 해결하기 위한 법 개정이 현재 논의 중이다.

그런데 이러한 결함이 인쇄문화산업진흥법에도 그대로 나타나고 있어 안타깝다. 그 해결책은 진흥 기구를 따로 만드는 방안도 있고, 법안에 나와 있는 인쇄 품질 인증원의 기능 확대, 또는 공청회에서 제기된 인쇄물수출진흥센터의 설립을 통하여 그러한 기구의 역할까지 맡기는 방안 등을 검토할 수 있을 것이다. 이 문제와 관련하여, 도서관계에서 법 개정을 통하여 '도서관정보정책위원회'를 대통령 직속으로 두게 하려는 작업도 참조할 필요가 있다고 본다.

아울러, 법 제정과 관련하여 인쇄 전문 인력 양성 지원을 위한 제도적 장치를 마련하는 일에 관심을 쏟아야 한다. 정부에서는 정보화 사업과 정보 산업 인력 양성을 위하여 엄청난 예산을 쓰고 있지만, 인쇄 산업 발전과 인쇄 분야 전문 인력 양성을 위한 예산은 말하기도 부끄러운 실정이다. 인쇄 문화 산업의 역군이 될 인재 양성을 위해서도 정부의 대폭적인 지원이 있어야 할 것이다.

3 유럽 인쇄 문화의 발상지 마인츠를 가다*

필자는 1994년 10월 4일부터 6일간 독일의 프랑크푸르트 서적 박람회와 마인츠에 있는 구텐베르크 박물관을 다녀왔다. 이 글에서는 마인츠를 중심으로 쓰고자 한다.

프랑크푸르트에서 버스로 30분 거리인 마인츠 시내의 중심부에 들어서니, 옛 돌들로 포장된 길바닥이 인상적인데, 멋진 고건축미를 자랑하는 커다란 돔 성당이 우뚝 서 있고, 그 옆쪽을 돌아가면 구텐베르크 동상이 길 한복판에 보인다.

구텐베르크 동상은 사람 키의 두 배 되는 높은 받침돌을 놓고 그 위에 세워졌는데, 받침돌의 정면에 그의 이름(Johannes Gensfleisch zur Laden zum Gutenberg)과 건립 연대(1837) 등이 큼지막하게 적혀 있고 그 측면에는 인쇄하는 사람들의 형상이 조각되어 있었다. 그러나 받침돌 밑부분은 온통 낙서로 지저분해 보였다. 저녁 늦게 다시 들르니, 알코올 중독자들이 그 동상 아래에 앉아 술을 병째로 마셔대고 있는데, 어찌나 술 냄새가 지독한지 불쾌할 정도였다. 그 위에 신성한 기술의 발명자로 불렸던 구텐베르크

* 〈출판저널〉, 1994. 11. 5. "구텐베르크 성서 보관된 인쇄 문화 발상지 : 독일의 마인츠 인쇄박물관을 가다"라는 제목으로 게재.

가 인쇄했던 성서를 들고 묵묵히 서 있을 뿐이었다.

3-1 은은한 조명 속의 '구텐베르크 42행 성서'

구텐베르크 동상을 지나 밑으로 조금 내려가면, 마인츠 구텐베르크 박물관-인쇄술과 서적의 박물관(Gutenberg Museum Mainz, Museum der Druckkunst und des Buches)이 나온다. 박물관의 마당에 들어서니, 그리 넓지 않은 곳인데 책 모양으로 깎아놓은 커다랗고 평평한 돌조각이 놓여 있는 모양이 인상적이었다. '슈타인부흐'(Steinbuch)라 이름 붙였으니 우리말로 하면 돌 서적 또는 석책(石册)이라 하겠다. 그 돌은 단체 관람객들이 앉아서 쉬어가는 곳이라고 하는데, 7~8명 정도는 앉을 수 있을 것 같았다.

안으로 들어가니, 4층으로 된 건물에 15세기 구텐베르크 당시의 인쇄기 및 그 이후 세기를 거쳐 오면서 발달된 각종 인쇄 기계들, 금속 활자, 제본용 도구 등은 물론, 활판 인쇄술 등장 이전 중세의 가톨릭 수도승들이 펜으로 사용했던 깃털, 각종 빛깔의 색재, 책의 재료로 쓰였던 파피루스, 양피지 등이 다양하게 전시되어 있어, 인쇄의 발달 과정을 일목요연하게 살펴볼 수 있는 훌륭한 교육장이라는 느낌이 들었다.

특히, 이 박물관의 특징이자 장점은 역사적 가치가 높은 옛 서적들이 소장되어 있는 점이라 할 수 있다. 구텐베르크 당시의 인쇄본을 비롯하여 그 후 19세기까지 인쇄해 내려온 유럽의 각종 서적들은 물론, 구텐베르크 이전의 필사본들도 상당수 전시되어 있어서 출판문화의 역사적 숨결이 생생히 전해지는 듯하였다.

이런 인쇄물 중에서 백미는 역시 구텐베르크가 인쇄했다는 42행 성서인데, 따로 밀실의 유리 상자 안에 은은한 조명을 받으며 관람자들을 기다리고 있었다. 이 성서의 크기는 가로 30.5cm, 세로 42cm, 편집 체재는 본문이 2단 조판, 총 642장, 활자 크기는 20포인트에 해당된다. 인쇄는 검정색이지만, 문장의 첫머리 글자는 공백으로 남겨 두었다가 인쇄한 다음에 손으로 붉은 색, 푸른 색 등으로 다양하고 정교하게 그려 넣어 채색했기 때문에, 육중하면서도 우아한 아름다움을 생생히 드러내고 있었다. 당시의 필사는 오늘날의 인쇄보다도 더 치밀하고 완벽해 보였다. 하긴 처음의 인쇄본은 필사본을 그대로 흉내 낸 것이고 구텐베르크 자신도 활자 꼴을 디자인하기에 앞서 필사본 연구에 많은 시간을 들였다고 한다.

3-2 동서의 희귀 인쇄물을 다수 소장한 구텐베르크 박물관

당시의 성경은 수도원의 필사승들이 양피지에 한 자 한 자 써내려 갔기 때문에 책 한 권을 필사하는 데 보통 6개월 정도 걸렸다고 한다. 책값도 대단히 비싸서 필사본 성경 한 권의 값은 100굴덴으로서 이는 지방 부호의 큰 저택 한 채에 해당되는 값이었다. 따라서 그것을 찍어낼 수 있는 인쇄술은 엄청난 부(富)를 가져다 줄 수 있는 기술로 생각될 수 있었다. 그러나 구텐베르크의 경우, 처음에는 인쇄 시설과 인쇄 기기를 위한 사전(事前) 투자비가 너무 컸던 관계로 채산성이 없어 도산하고 말았다고 한다.

구텐베르크 박물관 4층에는 유럽뿐만 아니라 중국, 일본, 인도, 아라비아, 이집트 등 세계 각지의 인쇄 또는 출판문화를 보여주는 자료들이 많았다. 특히 일본의 경우는 커다란 공간을 차지하고 있었는데, 1860년경의 컬러 인쇄본을 비롯한 다수의 인쇄물이 전시되어 있었다. 특히 770년경에 인쇄된 것으로 주장하는 〈백만탑다라니경〉을 진열하고는 '세계 최고(最古) 목판본'이라고 한문으로 표제를 달고 독일어 설명을 곁들이고 있었다. 한국의 〈무구정광대다라니경〉이 그보다 앞선 751년경 간행된 사실은 표시되어 있지 않았다. 천혜봉 교수에 의하면, 〈백만탑다라니경〉은 〈무구정광대다라니경〉보다 20년 이상 뒤에 간행되었음에도 불구하고 그 인쇄술이 도리어 유치하여 〈무구정광대다라니경〉보다 훨씬 뒤처져 있다고 한다. 그리고 완전한 초기 전적의 형태를 갖추지 못하고 〈무구정광대다라니경〉에서 다라니 본문 4종만을 뽑아 찍어낸 조그마한 낱장의 종잇조각에 지나지 않는다고 한다.

그러나, 다른 분야와 마찬가지로 동양의 출판문화도 일본이 앞장서서 전파하고 있으니 이런 오류가 생길 수밖에 없겠다 생각하며, 옆의 한국 전시 코너로 발길을 돌렸다. 그곳에는 1446년의 훈민정음 해례본, 1420년의 경자자로 인쇄된 잘려 나간 인쇄지 1장, 18~19세기의 금속 활자, 19세기 목활자 등이 각각 10여 개씩 놓여 있었다. 그 외에 조선 시대의 전적들도 상당수 전시된 것을 볼 수 있었다. 구텐베르크 인쇄본의 등장과 같은 시대인 조선조 초기 활자본을 비교해 보면, 활자의 모양이나 디자인에서 그리 큰 차이가 느껴지지 않았다. 우리의 활자 꼴을 더욱 세련되게 하려는 노력이 필요하다는 생각이 새삼 들었다.

4층을 다 둘러보고 나서 1층으로 내려오니, 기념품들을 파는 매점이 보였다. 그곳에선 42행 성서의 1페이지 컬러 복사불, 인쇄업의 역사를 단계적으로 그려 놓은 트럼프 카드 1세트, 관련 서적인 〈마인츠의 서적문화〉(Buchkultur in Mainz) 등을 팔고 있었다. 특히 인상적인 물건은 세계에서 가장 작은 책이었다. 내용은 7개 국어(영, 독, 불, 미국 판, 스페인, 네덜란드, 스웨덴)로 된 주기도문을 1 페이지씩 넣고 옆 페이지에는 십자가 표시가 되어 있었다. 책을 넣은 유리 상자 밑바닥은 중앙에 돋보기 처리가 되어 있었다. 인쇄된 페이지의 크기는 3.5mm × 3.5mm이었다. 그 책을 구입하여 자로 재면서 보니 1mm가 그렇게 커 보일수가 없었다.

박물관을 나와 근처 책방을 다녀 보니 신간 서적 판매는 그리 활발한 것 같지 않았고 오히려 재고 도서들을 다량 서점 밖에 진열해 놓고는 '골라잡아 어느 것이나 3마르크(우리 돈 1,500원)'라고 쓴 표시를 붙여 놓은 것들이 종종 보였다. 우리의 재고 도서 코너가 생각났다. 그러나 독일은 지금 구 동독 출판사와의 합병을 통하여 그 힘을 키우며 세계 시장을 상대로 적극적으로 공세를 취하고 있다고 한다.

구텐베르크의 활판 인쇄술을 배태한 유럽 인쇄 문화의 발상지인 독일이 오늘 통일을 이룬 상황에서 세계를 향해 도전하고 있다면, 세계 최초 금속 활자의 발명국인 한국은 이제 통일을 준비하는 상황에서 새로운 인쇄출판문화의 도약을 이룩해야 할 것이라는 생각을 하며 독일을 떠났다.

출판 산업과 도서정가제

1. 출판 산업의 특수성과 도서정가제의 필요성
2. 도서정가제는 왜 해야 하는가
3. 우리는 완전한 도서정가제의 정착을 요구합니다

1 출판 산업의 특수성과 도서정가제의 필요성*

1-1 머리말

오늘날 도서정가제 문제가 다시 대두되고 있습니다. 순전히 경제의 논리로만 따진다면, 도서도 단순한 상품에 불과하고, 따라서 다른 제품처럼 정가제를 해서는 안 된다는 것입니다. 정가제를 법적인 용어로는 '재판매가격유지제도'라고 하는데, 상품을 생산하거나 판매하는 사업자는 재판매가격유지행위를 하는 것이 무조건 법에 어긋나게 되어 있습니다. 이것을 당연위법이라고 합니다. 그러나 도서는 그 특성상 재판매가격유지행위의 당연위법에서 제외시켜 놓고 있습니다. 그 이유는 저작권의 보호와 상품의 다양성 확보를 위해서입니다. 공익성의 차원에서 도서의 특수성을 인정한 것입니다.

제 이야기의 순서도 출판 산업의 특수성을 먼저 검토한 다음, 도서정가제의 필요성을 설명하는 것으로 하겠습니다.

---

* 〈동화 읽는 어른〉, 2000년 11월.

1-2 출판 산업의 특수성

출판 산업의 특수성을 우선 도서의 판매 면에서 살펴보아 보통 다음과 같이 말하고 있습니다.

첫째, 도서는 대개 위탁 판매 방식으로 이루어집니다. 서점에 책을 맡겨 진열하고 팔게 한 다음, 팔린 책은 대금을 받고 안 팔린 책은 반품하는 방식입니다. 안 팔린 책의 손해 부담을 전적으로 출판사가 담당하는 제도입니다. 신간의 종류는 대폭 늘어나고 있는 데 비하여 서점의 매장 공간은 제한되어 있기 때문에, 서점에서는 잘 팔릴 만한 책만 진열 전시하는 데 신경을 쓰게 되는 문제점이 나오고 있습니다.

둘째, 도서는 정가 판매가 주로 이루어지고 있습니다. 이것은 앞서 말했듯이, 도서는 재판매가격유지행위의 당연위법에서 제외되어, 법정 재판매 상품으로 인정받고 있습니다.

셋째, 도서는 시장 조사가 어려워 수요 예측이 매우 곤란한 상품입니다. 이것은 처음 도서의 발행 부수 산정부터 어렵게 만드는 요인이 됩니다.

넷째, 도서는 유통업자 곧 소매, 도매 서적상에 대한 의존도가 높아질 수밖에 없게 됩니다.

다섯째, 도서는 판매 과정에서 손이 많이 가고, 광고 의존도가 강한 상품입니다.

출판 산업의 측면에서 그 특성을 살펴보면 다음과 같습니다.

첫째, 출판은 개인적 개성적 요소가 크게 작용하는 사업입니다. 발행인의 관심이나 선호도에 따라 출판의 방향이 정해지는 경우가 많습니다. 또한 출판 담당자들에게 낯선 분야는 접근하기도 어려운 것이 일반적인 경향입니다.

둘째, 제작 자체까지 외주 가공 생산에 의존합니다. 이는 출판사가 따로 인쇄소나 제책사를 차릴 필요가 없음을 말하기도 합니다.

셋째, 문화성과 기업성을 조화시켜야 하는 사업입니다. 즉, 문화 활동으로서의 가치 창조와 함께 기업의 영리 추구라는 두 기능을 병존시켜야 하는 사업입니다.

넷째, 출판물은 하나하나가 개별 기업에 해당됩니다. 출판물의 종류에 따라 대상 독자가 달라지고 또한 제작 방법이나 판매 방식도 달라집니다.

다섯째, 도서는 하나하나가 모두 법으로 보호받아야 할 저작권을 지닌 상품입니다. 저작권에는 저작인격권과 저작재산권이 있습니다. 저작인격권은 저작물을 공표하거나 하지 않을 권리, 저작자의 성명을 표시하거나 하지 않을 권리, 출판물의 내용을 원고와 동일하게 해줄 것을 요구할 수 있는 동일성 유지권 등이 있습니다. 저작재산권은 일반적인 재산권과 같은 개념이어서 양도는 물론, 담보, 상속 등이 가능합니다. 그러나 영구 소유는 인정하지 않고 저작권자 사후 50년까지 효력을 인정하고 있습니다.

여섯째, 일반 산업과 비교하여 시장 실패의 가능성이 큰 산업입니다. 시장 실패란 시장에서 자원이 원활하게 분배되지 않는 것을 말합니다.

이러한 출판 산업은 그 성격 규정에서 우리나라는 제조업으로 분류하고 있습니다. 이는 일본에서 출판 산업을 정보 산업으로 분류하는 것과 비교가 됩니다. 출판업을 단순한 제조업이라고 보는 것은 정보화 사회에 적응하기 힘든 사고방식입니다.

1-3 도서의 정가 정책

도서의 정가 책정의 근거가 되는 판형, 편집이나 인쇄 방법, 제본 방식, 종이의 질, 광고비, 저작권 사용료, 페이지 수, 출고 할인율, 판매 예측에 의한 발행 부수 등 여러 가지가 있지만, 출판사의 정책 방향도 한 요인으로 작용합니다.

출판사의 정가 정책은 다음과 같은 몇 가지로 갈라서 생각해 볼 수 있습니다.

첫째, 초판은 밑지고 중쇄부터 이윤을 챙기는 방법입니다. 이른바 저정가 정책입니다. 이러한 방법은 주로 수요 예측은 어렵지만, 폭넓은 소비자를 겨냥할 수 있는 문예물, 광고비를 적극 투입해야 하는 베스트셀러, 제품 수명이 길어 장기적으로 판매할 수 있는 아동 도서, 미술, 디자인 분야 서적의 경우에 주로 사용되고 있습니다.

둘째, 처음부터 일정한 이윤을 계산해서 정가에 포함시키는 방법입니다. 주로, 대학 교재, 학술 · 전문 도서, 일부 학습 참고서를 출판하는 출판사가 사용합니다. 이것은 학술서처럼 회전율이 떨어지고, 중쇄를 기대하지 않는 책의 정가 설정에 가장 이상적인 방법입니다.

셋째, 비슷한 성격을 가진 책의 시중 정가를 참고로 해서 정가를 매기는 방법입니다. 보통 시세에 따라 페이지 당 얼마라고 가격을 결정합니다. 소설, 시, 수필 같은 문학 서적의 경우 가장 많이 이용하는 방법으로, 소규모 기업이 선도 기업을 따라가는 경우 자주 사용됩니다.

넷째, 위의 둘째 방법과 셋째 방법의 혼합 형태로 경쟁사의 가격을 참고하면서 높은 판매 이윤을 붙인 가격을 책정하는 방식입니다. 이 방법은 대학 교재처럼 확실한 독점적 수요가 있는 것은 아니지만 어느 정도 필요에 따라 구매가 이루어지는 실용서, 레저, 스포츠 도서 등의 경우에 주로 사용합니다.

다섯째, 정가를 미리 정해놓고 이에 맞춰 책을 만들어내는 방식입니다. 정기 간행물의 경우 이 방식을 사용하고 있습니다.

1-4 도서정가제의 기능

공익성의 확보라는 관점에서 이루어지는 도서정가제는 일반 산업의 경우와는 달리 출판 산업에서 다양한 긍정적인 기능을 하고 있습니다. 이러한 기능에 대한 설명은 이미 한국출판연구소의 조사 연구에서 다음과 같이 밝혀낸 바 있습니다(김경희 외, 〈한국 도서유통의 문제점 및 개선 방안 연구 - 도서정가제를 중심으로〉, 1995).

첫째, 출판 산업에서 도서정가제는 출판 산업의 시장 실패를 일정 부분 방지해 줍니다.

둘째, 도서정가제는 경쟁 촉진 효과가 있습니다. 즉, 정가제가 시행되는 상황에서는 다양한 분야의 도서를 출판할 수 있을 뿐만 아니라, 신규 출판사들도 쉽게 도서 시장에 뛰어들 수 있게 됩니다.

셋째, 도서정가제는 문화적 다양성을 보장합니다. 정가제가 효과적으로 유지됨으로써 신인 저자의 등장을 용이하게 해줄 수 있기 때문입니다. 할인 판매가 이루어지면, 서점은 이윤이 많이 남는 기성 저자의 책을 선호하게 됩니다. 왜냐하면 기성 저자의 책은 저자의 유명도 때문에 서점에서 낮은 할인율로 독자에게 판매할 수 있기 때문입니다.

넷째, 도서정가제는 일반 산업에서와는 달리 상품 가격을 낮추는 효과를 가져다줍니다. 만약 할인 가격 제도가 시행되는 상황이라면, 상품 도입 초기에는 경쟁으로 인식하여 상품의 가격이 내려갈 수 있지만, 종국적으로는 독점 기업이 등장하게 되어 상품의 가격이 앙등하게 됩니다. 독점 기업이 등장하지 않더라도 몇몇 기업 간의 담합에 의하여 가격은 앙등하기 쉽습니다.

다섯째, 출판 산업에서 정가제는 국민의 고급 정보 복지의 향상에 기여하고 있습니다. 현재 국민의 정보 복지는 지방과 중앙과의 격차가 심화되고 있는 실정입니다. 여기에다 도서의 할인 가격 제도까지 도입될 경우에는 지방의 독자는 중앙의 독자보다 할인 폭이 적어질 것이므로 더 비싼 가격을 지불해야만 도서를 접할 수 있게 되어, 지방 독자들은 더욱 더 열악한 정보 복지 환경에 빠져들게 됩니다. 그러나 정가제는 전국 어디서나 동일 가격을 유지하므로 중앙의 독자나 지방의 독자나 동일 가격으로 정보를 접할 수 있어, 정보 복지의 향상에 기여하게 되는 것입니다.

여섯째, 중소 서점의 생존을 보장해 줌으로써 독자로 하여금 쉽게 정보를 접할 수 있도록 해줍니다. 할인 제도의 경우, 일반 독자는 할인율이 높은 서점에 집중될 가능성이 높아 중소 서점은 경영이 악화되어 문을 닫는 서점이 늘어날 가능성이 높아집니다.

일곱째, 출판 산업에서 도서정가제는 국토의 규모가 작고, 위탁 판매가 일반화되어 있는 국가에서는 필연적이라도 합니다. 미국의 경우, 할인 판매 제도가 일반화되어 있는데 그 이유는 국토의 규모가 커 위탁 판매가 아니라 매절 판매가 일반화되어 있기 때문입니다. 매절 판매란 서적상이 출판사에 대금을 미리 주고 책을 사서 서점의 책임 하에 팔고 반품도 허용하지 않는 방식입니다.

여덟째, 도서정가제가 시행되는 상황에서 소비자는 도서의 선택 폭이 할인 제도 상황보다 훨씬 커지게 됩니다. 이는 앞의 세 번째에 나온 문화적 다양성의 확보와도 관련이 되는 문제입니다. 여기에서 도서정가제가 국민의 알 권리와 표현의 자유를 지키는 것과도 밀접한 관련이 있다는 주장도 제기된 바 있습니다. 알 권리를 지킨다고 하는 측면에서 말한다면, 국민이 손쉽게, 그리고 언제라도 여러 종류의 것을 다양하게 이용할 수 있는 상황을 갖추어 놓는 것이 중요한데, 도서정가제가 바로 그런 상황을 만들어주는 기능을 한다는 주장이 일본에서도 나온 바 있습니다.

1-5 도서정가제의 필요성

도서정가제의 필요성은 역사적으로 1970년대 후반에 도서정가제가 정착된 이후 출판서점계의 발전과 함께 이미 확인된 사항입니다. 다만, 최근 정가제가 일부 할인점을 중심으로 이루어지지 않고 있고 공정거래위원회가 재판매가격유지제도에서 도서 예외 인정 규정을 철폐하려는 데에서 논란이 일게 된 것입니다. 이것은 도서와 출판 산업의 특수성을 망각함으로써 생긴 논쟁이라 할 수 있습니다.

공정거래위원회의 움직임에 대하여 출판계에서 강력히 반대함으로써 도서의 예외 규정(도서정가제 시행)은 2002년까지 지속시키기로 하였지만, 도서 정가제가 폐지될 경우 출판계는 물론 우리 문화 전반에 끼칠 악영향은 매우 클 것입니다.

여기에 대하여 많은 주장들이 나왔는데, 다음과 같이 종합해 볼 수 있습니다.

첫째, 책값의 상승입니다. 베스트셀러를 중심으로 일부 내려가는 것도 있겠지만, 정가를 책정할 때부터 할인 가격을 염두에 둔 명목상의 가격이 전반적으로 상승할 것입니다. 이러한 명목 정가는 소비자와 서점, 소비자와 출판사 간의 신뢰를 깨뜨릴 뿐 아니라 나아가 책에 대한 부정적인 이미지를 심어주게 될 것입니다.

그 외에도 서점은 가격 경쟁으로 인한 마진의 손실을 결국 공급자인 출판사에 복구해 달라고 요청할 것이고, 출판사는 그 부분을 정가에 반영하여 도서 가격을 올릴 수밖에 없게 됩니다.

도서는 저작권으로 보호받는, 유사 상품이 별로 없는 독점적 상품이기 때문에 출판사는 자신의 이윤과 서점의 이윤을 확보하고 소비자에게 할인해 줄 것을 가상한 정가를 산정하게 됨으로써 정가의 거품 인상은 불가피하게 될 것입니다.

둘째, 서점 수가 감소할 것입니다. 도서 가격의 자율화는 서점에 있어 고정 고객을 확보하기 위한 치열한 할인 경쟁을 유발해 대부분의 영세 서점은 도산할 수밖에 없게 됩니다. 특히 대부분의 서점이 규모가 매우 작고, 주택가 등에 산재해 있는 우리나라에서는 이러한 현상이 더욱 심화될 것입니다. 소매 서점이 도산하면 그 영향은 바로 도매상에 파급되어 유통 대란이 일어날 수 있습니다.

셋째, 서점에서의 적극적인 도서 임치가 불가능해지고 이에 따라 출판 종수가 감소하고 책의 다양화가 막히게 될 것입니다.

한국의 도서는 앞서 설명했듯이, 대부분 반환 조건부 위탁판매제 하에서 유통되고 있습니다. 이러한 제도는 출판사의 재정에 상당한 타격을 주어 출판업을 영세성에서 벗어나지 못하게 하는 요인 중 하나가 되고 있습니다. 그러나 이 제도는 서점에는 재정적 재원이 되어 서점이 확산되었을 뿐 아니라 적극적으로 도서를 임치할 수 있는 요인을 제공함으로써 도서가 다양해지고 고급 출판물(학술, 전문성 있는 출판물)이 활성화된 측면이 있습니다. 만약 도서정가제가 폐지되면 가격 경쟁에 따른 출판의 질적 저하는 물론 출판 종수가 감소하는 결과가 생겨 현대 사회의 다양한 지적 욕구를 해소시킬 수 없을 것입니다.

넷째, 창작 의욕, 특히 신인 작가의 창작 의욕을 위축시킬 것입니다. 도서를 할인하여 판매하게 된다면 출판물의 판매 예측은 더욱 불확실해지고 정가의 잦은 변동으로 인하여 서점에서 다양한 도서들을 적극적으로 비치 · 진열하려 하지 않을 것입니다. 결국 출판의 다양화는 그 길이 막히고 소비자의 도서 선택 폭도 줄어들 것입니다. 특히 고급 도서 출판이 사양길로 접어들기 쉽고 출판 환경도 달라져 작가들의 창작 의욕도 감퇴될 것입니다.

다섯째, 균형 있는 지역 문화의 발전을 저해할 것입니다. 대부분의 출판사가 대도시(특히 서울)에 집중되어 있는 한국의 상황에서 도서정가제가 폐지되면 지방 독자는 물류 비용의 부담으로 인해 같은 종류의 도서를 도시 독자보다 상대적으로 비싼 가격으로 살 수밖에 없게 됩니다. 이로 인해 교육, 문화, 정보의 향유 기회가 제한받게 되어, 균형 있는 지역 문화의 발전에 장애가 됩니다.

여섯째, 출판사, 도매 서점, 소매 서점 각 분야에서 집중화가 진행될 것입니다. 또한 출판 시장의 개방으로 외국의 다국적 기업이 무차별적인 가격 파괴, 덤핑을 자행할 가능성을 열어 주기 쉬워집니다.

1-6 맺음말

이상으로 도서와 출판 산업의 특수성에 대한 인식을 바탕으로 하여 도서정가제의 문제를 살펴보았습니다. 특히 도서정가제가 폐지될 경우에 발생하게 될 문제점을 검토함으로써 한국에서 도서정가제의 필요성을 확인하였습니다.

도서정가제의 중요성은 우리 출판 유통계의 역사에서도 분명히 드러나고 있습니다. 즉, 1977년 12월 1일을 기하여 전국적으로 도서정가제가 실시된 이후, 도서유통계가 활성화되면서 시점 수가 늘고 도서 발행량도 비약적으로 증가하였습니다. 바로 이 무렵 우리 회의 모체가 된 양서협동조합도 탄생된 것입니다.

최근에는 시장이 국제적으로 개방되고 할인점 매장이 그 세력을 확장하면서 도서정가제의 문제가 위협을 받고 있습니다. 특히, 인터넷 서점을 통한 정가제의 고수는 더욱 벅찬 과제로 출판계에 다가서고 있습니다. 현재 출판계에서는 인터넷 서점의 경우도 정가제를 지키되, 정가제 준수 기간을 신간 발행 후 일정 기간으로 정하자는 주장도 나오고 있습니다. 인터넷 서점의 경우도 정가제를 지켜야 한다는 것이 제 개인적인 생각입니다. 다만, 인터넷 서점의 경우는 회원제가 중심이 되기 때문에 일정 판매량 이상이 되는 경우에 회원으로서의 다른 혜택을 주는 방안은 검토해 볼 수 있지만, 정가제 자체를 깨버려서는 안 된다고 봅니다.

현재 도서정가제의 입법화가 추진되고 있습니다. 이는 국제화 정보화 시대에 창의력과 상상력을 토대로 문화적 다양성을 이루어낼 출판의 기능을 최대한 살려낼 수 있는 기본적인 장치로서 도서정가제를 공식화하자는 것입니다.

앞에서 여러 차례 언급하였듯이, 도서정가제를 지키자는 것은 출판문화를 지키기 위함입니다. 당장 주어지는 할인의 가벼운 혜택에 빠지다가 결국은 국민 전체가 손해를 보고 문화의 다양화가 방해받는 일이 있어서는 안 되겠습니다.

2 도서정가제는 왜 해야 하는가?*

정가제란 재판매가격유지제도를 말합니다. 즉, 판매를 다시 할 때 가격을 유지하라는 제도입니다. 생산자가 도매상에게 물건을 주면서 우리가 정한 가격대로만 거래해 달라, 혹은 도매상이 소매상에 물건을 주면서 일정한 가격으로 판매해 달라 하는 것입니다.

도서정가제는 책을 소비자인 독자에게 일정하게 정해진 소매가격으로 판매하는 제도입니다. 예를 들면, 출판사에서는 제작비 40%, 저자한테 주는 인세 10%, 광고 영업비 10%, 관리비 기타 10%, 마진 10%, 나머지 20~30%는 소매상에 주는 것으로 가격을 정합니다. 출판사가 도매상에 75%에 책을 주면 도매상은 소매상에 80%에 팔고, 도매상에 65%에 책을 주면 도매상은 소매상에 70%에 줍니다. 이런 과정을 거쳐 최종 소비자한테는 책에 표시된 대로 파는 것이 도서정가제입니다.

우리나라 도서정가제는 2002년 8월 '출판및인쇄진흥법'에 포함되어 공식적인 법률로 확정되었고, 2003년 2월 대통령령으로 시행령까지 제정되어 현재 시행되고 있습니다.

---

* 〈동화 읽는 어른〉, 2005년 6월. 2005년 4월 27일 (사)어린이도서연구회에서 행한 특별 강연을 녹취하여 어린이도서연구회 편집국에서 정리한 것임.

그러나 도서정가제가 법률로 정해져 있어 체계를 갖춘 듯 보이지만 내용이 부실하여 최근 많은 문제점을 드러내고 있습니다. 도서정가제의 기능과 필요성을 확인하고, 현행 도서정가제 관련법의 문제점과 개정 방향을 이야기하겠습니다.

2-1 우리나라 도서정가제 역사

1945년 해방 이후 한국 도서정가제의 역사는 도서정가제가 전국적으로 실시되었던 1977년과 법제화되었던 2002년을 기점으로 삼아, 세 시기로 나눌 수 있습니다. 해방 직후에는 출판이라는 게 거의 이루어지지 않았고, 그저 찍어내면 팔리는 상황이었지만, 1년쯤 지나자 종이가 없었습니다. 그래서 교과서도 갱지에 구멍을 뻥뻥 뚫어 만들었습니다. 그런데 한국 전쟁이 터지자 서점에서는 책이 안 팔리니까 인건비 주고 나면 출판사에 책값을 줄 수가 없었습니다. 인플레이션이 심해, 책이 지방으로 내려가는 도중에 고무도장으로 가격을 찍었습니다. 대구에 가면 5천 원, 부산에 가면 7천 원, 오늘은 5천 원, 내일은 7천 원 하는 식으로요. 말하자면, 서적 유통이 체계가 잡히지 않았고, 출판사에서도 이것을 감안하여 값을 높게 매겼습니다. 그러니 출판사는 출판사대로 안 되고, 서점은 서점대로 안 되었습니다. 이런 상황이 1950, 60, 70년대 초까지 계속되었습니다. 서슬 퍼런 군사 정권이 도서정가제를 하라 해도 이루어지지 않았습니다.

1960년대 초반까지는 서점에서 책을 팔면 팔수록 출판사가 손해를 보는 구조였습니다. 서점에서도 떼어먹으려고 떼어먹는 게 아니고 인건비조차 제대로 나오지 않으니까 그랬던 거지요. 그래서 출판인들이 고민하다가 내가 직접 팔겠다는 직판이 나온 것입니다. 그런데 싸게 팔면 책값은커녕 영업 활동비도 안 나오니까 비싸게 팔았습니다. 그때가 1950년대 말이니 경제적으로 상당히 어려울 때인데도 그것이 성공을 하였습니다. 외판이 성공을 해서 세계사상전집이니, 한국문학전집이니, 세계문학전집이니 하는 것이 나온 거지요. 대학생들이 외판 아르바이트를 하는 상황이 1970년대 초반까지 계속되었습니다.

이런 상황이 되니 서점은 더 어려워졌습니다. 사람들이 책은 할부로 사는 것이라고 의식했고, 서점에서 사면서도 깎아 달라고 하였습니다. 그러다 보니 어떤 서점은 10% 깎고, 어떤 서점은 20% 깎기 시작하였습니다. 거래 구조가 엉망이 된 것이지요.

그런데 외판 시장이 커지면서 출판사들끼리 과열 경쟁이 되어서 망하는 출판사가 생겨났고, 1970년대 들어서 소비자의 의식 수준이 높아지면서 '서점에서 책을 사고 싶다.'는 생각을 하게 되었습니다. 이런 분위기에서 커지게 된 서점이 자체적으로 질서를 잡아야겠다고 생각하였습니다.

1977년 12월을 기해서 출판사와 서점이 도서정가제를 약속하고 이것을 지켜나갔습니다. 이때부터 소형 서점이 살아나기 시작하였습니다. 할인 경쟁을 하면 대형 서점에만 몰리니까 중소 서점이 살아날 수가 없습니다. 그런데 정가제를 하면 소형 서점에도 30% 마진을 주니까 소형 서점이 살 수가 있었습니다.

그러자 출판이 활성화되었고, 너도나도 서점을 하게 됩니다. 양서협동조합도 이 시점에 나왔습니다. 도서정가제 때문에 출판의 터전이 다져진 것입니다.

도서정가제가 실시된 이후 도서 발행량도 비약적으로 늘어나게 되었습니다. 신간 발행 종수는 계속 증가하여 양적으로는 세계 10대 출판 대국에 들어서게 되었습니다. 유네스코에서 나온 세계 출판물 통계를 보면 신간 발행 종수가 그 당시(1980년대) 세계 7, 8위였습니다. 지금도 비슷합니다. 도서정가제로 인해 서점이 활성화되고, 출판도 베스트셀러 위주에서 벗어나 다양해졌습니다.

그런데 1990년대 들어서자 대형 할인점이 생겼습니다. 외국의 다국적 기업이 들어온 것입니다. 할인 시장인 외국의 다국적 기업은 책도 할인시켜 버렸습니다. 업계 스스로 도서정가제를 잘 꾸려갔는데 외국 할인점에서 책을 할인하니까 한국 할인점도 덩달아 책을 할인하기 시작하였습니다. 이렇게 되니까 출판사와 서점이 정가제를 법으로 정하자는 주장을 했습니다. 업계 차원의 합의가 안 되어서 법을 만들어야겠다고 한 것입니다.

그래서 2002년에 법이 만들어진 것입니다. 문화관광부에서는 도서정가제를 하자고 하는데, 공정거래위원회에서는 정가로 파는 것은 규제다, 규제는 없어야 한다는 주장을 내세웠습니다. 공정거래위원회 주장은 일반 상품일 때는 일리가 있습니다. 하지만 도서는 메시지를 중심으로 하는 문화 상품이라는 특성을 공정거래위원회에서 인정하지 않은 겁니다. 인터넷 서점에서도 법 제정을 반대하였습니다. 그런데 중소 서점이 사라지고 도서 발행 종수도 위축되는 등, 여러 문제가 발생하니까 2002년에 출판및인쇄진흥법 안에 도서정가제를 규정하게 된 것입니다.

2-2 현행 도서정가제의 문제점

문제는 법이 이상하게 만들어졌다는 것입니다. 서점 판매와 인터넷 판매의 정가 적용 원칙이 다릅니다. 일반 서점에서는 정가제로 팔고, 인터넷 서점에서는 10%까지 할인할 수 있다고 규정하고 있습니다. 일반 서점에서는 정가제 하자고 하고, 인터넷 서점에서는 정가제 하지 말자 하니 절충을 한 것이지요. 어떻게 똑같은 물건을 파는데 파는 곳에 따라 법을 달리 적용합니까?

또 정가제 대상 도서를 발행일로부터 1년이 경과하지 않은 간행물로 국한시켜 놓았습니다. 서점에는 발행한 지 1년이 지난 책과 그렇지 않은 책이 섞여 있는데, 일일이 발행일을 보고 정가 판매 여부를 결정할 수 있게 만들어 놓은 것입니다.

도서정가제 법률 부칙에는 실행일(2003년 2월 27일)로부터 5년간만 적용하라고 시한을 정해 놓고 있습니다. 이 법과 시행 지침에 의하면, 2005년에는 실용 도서를, 2007년 이후에는 실용 도서와 학습 참고서까지 정가제에서 제외시키고, 5년이 지나게 되는 2008년 이후에는 도서정가제 자체가 사라지게 되는 것입니다.

이러한 도서정가제 관련 조항은 출판 산업의 육성 · 지원과 건전한 유통 질서의 확립이라는 진흥법의 입법 취지와 정가제의 원칙에 모두 어긋나 있습니다.

또한, 법이 정가제를 지킬 것을 요구하면서도 그 대상 범위와 준수 기간을 대폭 제한하는 모순을 보여주고 있습니다. 이러다 보니 출판이 안 되고, 서점이 안 되는 것이 바로 도서정가제 때문이라는 공격을 받습니다.

출판사도 문제입니다. 인터넷 서점이 50%(30% 할인, 마일리지 10%, 무료 배송 등 포함)에 파니까 출판사는 40%에 책을 넘깁니다. 하지만 인터넷 서점을 활성화하기 위해서도 도서정가제를 해야 합니다. 인터넷 서점은 서로 과당 경쟁을 하여 어느 인터넷 서점은 70%에 판매하고, 어느 인터넷 서점은 60%, 어느 인터넷 서점은 50%에 판매합니다. 이러다 보니 망하기도 하고, 자기들끼리 통폐합하기도 합니다. 인터넷 서점이라는 게 만들기 쉬우니까 아무나 만들었다가, 또 망하고 합니다.

출판사에서는 인터넷 서점용 책을 만들기 위해 책값을 올려버립니다. 책은 많이 찍으면 값이 싸집니다. 그래서 학술서는 값이 비쌉니다. 그런데 얼마든지 값을 낮출 수 있는 베스트셀러 값을 올려놓았습니다. 예를 들면 5천 원이면 적정한 책을 1만 원에 해 놓고, 40, 50%에 깎아주는 일이 베스트셀러 따위 대중 소설에서 이루어지고 있습니다.

할인 경쟁이 과도해지니까 '소비자 문제를 연구하는 시민의 모임'과 같은 소비자 단체에서도 정가제를 옹호하는 발언을 합니다. 이것은 참 이례적인 것입니다. 소비자는 값을 깎아주는 게 좋은데 알고 보니 할인 경쟁 때문에 책값만 올라가니 안 되겠다고 판단한 것입니다. 얼마를 깎아주는지 일일이 감시할 수도 없고, 차라리 정가제면 감시가 수월하니 도서정가제를 하자고 합니다.

2-3 외국에서는 도서정가제를 하는가

담당 공무원들은 외국에서는 도서정가제를 하지 않는다고 주장합니다. 하지만 경제협력개발기구(OECD)에 가입한 30개국의 도서정가제 상황을 알아보니, 도서정가제를 시행하는 나라가 16개국이고, 시행하지 않는 나라는 14개국이었습니다. 시행하는 나라는 프랑스, 독일, 오스트리아, 이탈리아, 스페인, 포르투갈, 그리스, 네덜란드, 한국, 일본, 덴마크, 노르웨이, 헝가리, 스위스, 벨기에, 룩셈부르크로 출판이 제대로 이루어지고 있는 나라입니다. 도서정가제를 하지 않는 나라는 미국, 영국, 캐나다, 아일랜드, 오스트레일리아, 뉴질랜드 등 영어권 나라와 멕시코, 체코, 핀란드, 아이슬란드, 터키, 폴란드, 스웨덴, 슬로바키아와 같이 출판 발행 종수가 적은 나라들입니다.

미국, 영국과 같은 나라 입장에서는 도서정가제를 안 하는 게 유리합니다. 전 세계에 독점으로 책을 깔기 때문에 굳이 정가가 필요 없습니다. 독일은 정가제를 시행하는데 그 이유는, 영어권이 휩쓸어버릴지도 모르는 독일 문화와 독일 언어를 살리기 위해서입니다. 베텔스만도 독일이 모태인데 독일에서는 정가제를 합니다. 한국에 들어온 베텔스만은 미국에서 들어온 것인데, 1만 원짜리 책을 우리한테 2천 원에 팝니다. 만약, 정가제를 안 하면 한국 기업이 20% 할인할 때, 외국은 40%로 할인할 것입니다. 우리나라는 이것을 막을 수가 없습니다. 도서정가제는 외국 독점 기업을 막기 위한 최소한의 장치입니다.

어찌 보면 상당히 어려운 싸움입니다. 우리 정부에 가장 영향을 주는 나라는 미국입니다. 프랑스, 독일은 미국을 설득해 이겼습니다. 프랑스 '랑법'은 정가제를 안 하면 벌금을 물고, 필요한 상황에서는 5%까지만 할인할 수 있게 했습니다.

우리나라 출판 구조(출판사는 서점에서 팔린 책만 값을 받고, 안 팔린 책은 반품을 받는다)에서 정가제를 안 하면 마진 폭이 큰 책만 진열하게 됩니다. 교보문고나 영풍문고에 가 보면 복도에 쌓아놓은 책을 볼 수 있습니다. 그건 서점이 출판사에서 매절로 산 책입니다. 서점은 매절로 책을 사면 팔리든 안 팔리든 출판사에 책값을 먼저 줍니다. 보통 서점은 1만 원짜리 책을 팔고 나서야 출판사에 7천 원을 줍니다. 하지만 출판사가 매절로 팔면 권당 5천 원씩 미리 받게 됩니다. 석 달 뒤에 7천 원씩 받는 것보다 지금 5천 원씩 받는 게 좋으니까 출판사는 매절로 팝니다. 보통은 50부 받던 것을 매절로 하면 1백 부, 5백 부씩 받습니다. 그러면 서점에서는 복도, 카운터, 걸어가는 곳에 책을 쌓아놓아, 독자가 그 책을 안 살 수 없게 만듭니다. 독자는 다른 책을 사러 갔다가도 자꾸 눈에 띄니까 그 책을 삽니다. 그러면 베스트셀러가 됩니다. 우리나라는 특정 제품만 팔리는 것이 문제입니다. 그것은 마진 폭을 가지고 벌이는 수법인데, 도서정가제가 없어지면 그 폐해는 더 심해질 것입니다.

2-4 법 개정 방향

그러면 법을 어떻게 개정할 것인가? 법 개정은 오히려 간단합니다.

첫째, 서점 판매와 인터넷 판매를 동일하게 하라.

둘째, 도서정가제의 적용 대상 도서에 대한 예외 규정을 최소화하라.

현행 출판진흥법에는 정가제를 적용하지 않는 간행물로 다음의 네 가지를 들고 있습니다.

1. 발행일로부터 1년이 경과한 간행물
2. 도서관, 사회복지시설에 판매하는 간행물
3. 저작권자에게 판매하는 간행물
4. 그밖에 대통령령이 정하는 간행물

1번은 유통 현장에서 무의미한 조항입니다. 서점에 진열된 책 중에서 발행일을 보면서 정가 판매 여부를 가려야 하는 번거로운 행위가 유통 질서의 확립이나 출판 산업의 진흥에 무슨 기여를 할 것인지 의문이 들 뿐입니다.

2번은 국가에서 도서정가제를 지키지 않는 것은 말이 안 되기 때문에 도서관은 정가로 책을 사야 합니다. 사회복지시설에 판매하는 것도 도서정가제를 해야 합니다. 장애인에게 정부가 따로 지원을 하는 것이지 서석을 싸게 해서 이득 보게 하는 것은 올바르지 않은 듯합니다.

3번은 저자가 사는 것은 어쩔 수 없지 않나 생각합니다.

4번은 공공단체 도서실이나 자료실, 군부대나 교도소 등에 판매하는 간행물을 말하는데 이것 또한 사회복지시설에 준해야 한다고 생각합니다.

셋째, 적용 시한을 철폐하라.

미국은 우리에게 농산물과 저작권 두 가지를 개방하라고 요구했습니다. 개방하지 않으면 텔레비전, 자동차를 안 사주겠다고 합니다. 그래서 1987년에 저작권을 인정했습니다. 사실 도서뿐만 아니라 비디오를 빌려볼 때도 돈을 내야 합니다. 만약 우리나라 비디오 사업이 커졌다 하면 어느 날, 미국에서 조사해 들어올 것입니다. 그러면 우리 비디오 가게도 망합니다. 그런데 조사하면 자기도 손해보니까 아직은 조사를 하지 않고 있습니다. 도서정가제 적용 시한을 5년으로 한 것은 정부 시책에 밀렸기 때문이지요. 문화와 농산물이 제일 잘 밀립니다. 지금 농산물 문제는 식량 안보의 문제입니다. 어느 날 미국이 '쌀 안 팔아.' 하면 큰일 납니다. 이렇게 약한 기반 아래 도서정가제가 나왔는데 규정을 없애려고 합니다.

2-5 도서정가제와 함께 해 나가야 할 일

그러면 도서정가제만 시행하면 되느냐 하면 그건 아닙니다. 도서정가제는 도깨비방망이가 아니고 시작입니다. 도서정가제와 함께 다음 네 가지를 해야 합니다.

첫째, 출판계는 도서 가격을 적정하게 매겨야 합니다.

터무니없이 비싼 책들에 대해 감시해야 합니다. 특히 대중적인 서적들은 비쌀 필요가 없습니다. 어린이도서연구회도 어린이 책값에 대해 감시 기능을 수행해야 합니다. 책값 조정 문제는 출판사의 양식에만 맡기면 실패합니다. 출판사는 문화적인 일을 하지만 영리업체이기 때문입니다. 책값을 높이 매기면 독자들이 안 찾는다는 인식을 줘야 합니다. 그러면 그 출판사는 장사하기 위해서도 가격을 조정할 것입니다. 1970년대 후반에 시민들이 지적해서 큰 출판사들이 책값을 내린 적이 있습니다. 시민들이 할인된 가격의 단맛에 빠지지 않고 사느냐가 관건입니다.

둘째, 현재 위축되고 있는 중소 서점을 지원해야 합니다. 인터넷 서점에도 다른 내용으로 지원해야 합니다. 전철을 타고 가야 하는 큰 서점이 아니라 중소 서점이 동네에 있어야 합니다. 특히, 도서관 수가 부족한 우리나라에서는 중소 서점이 지역 사랑방 역할을 합니다. 중소 서점에 대해 금융 지원이나 세제 혜택을 줘야 합니다.

인터넷 서점이 지금 정가제를 반대하지만 그나마 인터넷 서점이 유지되는 건 일반 서점이 정가제를 하기 때문입니다. 인터넷 서점이 지금 할인 경쟁만 하는데 이것은 1950년대에 고무도장 찍던 거와 같습니다. 인터넷 서점에서는 저자 정보, 관련 책 정보를 주고, 저자의 작업 방식을 동영상으로 제공하는 등 검색 기능을 활발히 활용할 수 있도록 하고, 정부는 이런 검색 기능과 프로그램을 열심히 만드는 인터넷 서점에 지원을 해야 합니다. 소비자는 서비스가 잘 마련된 인터넷 서점에 찾아가게 될 것입니다. 현재 정보통신부에서 지원하는 예산 규모로 봐도 이것은 충분히 가능한 일입니다.

셋째, 도서정가제를 일반 시민들에게 알려야 합니다.

넷째, 독서 인구를 확대해야 합니다.

국회의원을 뽑을 때, 어떤 법에 찬성하는지를 보고 표를 줘야 하는데 우리나라 상황은 그렇지 못합니다. 시민 단체에서는 이런 감시를 해야 합니다.

도서정가제는 문화뿐만 아니라 민생 경제를 살리는 길입니다. 도서정가제가 되면 중소 서점이 살아나고, 중소 출판사가 살아나고, 베스트셀러 작가가 아닌 다양한 저술가들이 활발하게 저술하고, 문화가 다양해집니다. 할인을 하면 지방이 더 애를 먹습니다. 서울은 그냥 싼 데를 찾아가면 되지만 지방은 그렇지 못합니다. 도서정가제는 서울과 지방의 문화 격차를 줄이는 데도 도움이 됩니다.

제값사기 운동은 다음 사안입니다. 지금은 법 만들기를 해야 합니다. 제일 문제는 출판사입니다. 출판사가 일반 서점이나 인터넷 서점에 똑같은 마진 폭으로 책을 주면 문제는 간단합니다. 그런데 이것이 안 되니 법을 만드는 게 최소한의 장치가 되는 것입니다. 거기다가 지금 외세가 끼어 있습니다. 외국의 독점 기업들은 그렇게 호락호락하지 않습니다. 로비를 해서 과반수 찬성을 힘들게 할 것입니다. 지금은 시민 단체들이 법을 개정할 수 있도록 압력을 행사하는 것이 중요하다고 생각합니다.

3 우리는 완전한 도서정가제의 정착을 요구합니다*

도서정가제는 지나친 책값 인상을 막기 위해 필요합니다.

할인 제도에서 출판사는 할인을 염두에 두고 높은 정가를 매깁니다. 가격 경쟁으로 서점의 마진이 줄어들면 서점은 결국 출판사에 손실을 메워 달라고 요구하고, 출판사는 그 부분을 정가에 반영합니다. 출판사는 자신의 이윤과 서점의 이윤을 확보하고 소비자에게 할인해 줄 것까지 가상하여 정가를 정하므로 정가의 거품 인상이 불가피해집니다.

도서정가제는 문화의 다양성을 보장하고 출판의 질적 저하를 막기 위해 필요합니다.

할인 제도에서 출판사는 잘 팔리는 책, 기성 저자의 책을 선호하고, 서점은 이윤이 많이 남는 기성 저자의 책을 진열하게 됩니다. 결국 소비자의 선택 폭은 줄어들고 책의 다양화가 막히는 것입니다.

---

* 사단법인 어린이도서연구회에서는 장기간의 토론과 검토를 거쳐 완전한 도서정가제의 실현을 주장하게 되었고, 그것을 "우리는 완전한 도서정가제의 정착을 요구합니다"라는 제목의 선언문 형식으로 발표한 비 있어, 도서정가제를 다룬 제4장에 첨부하는 것임.

도서정가제는 시장의 실패에 따른 위험 부담을 줄여서 출판 산업을 육성하기 위해 필요합니다.

할인 제도는 높은 할인율로 경쟁할 수 있는 대형 출판사, 대형 서점에 유리합니다. 규모가 작은 출판사는 살아남기 어렵고 신규 출판사가 출판에 뛰어들기도 어렵습니다. 그만큼 출판의 다양성은 억제됩니다. 또한 독자는 할인율이 높은 서점으로 몰리고 중소 서점은 경영이 악화되어 문을 닫습니다. 출판사, 도매 서점, 소매 서점 각 분야에서 집중화가 진행되어 그 피해는 소비자에게 돌아옵니다. 나아가 출판 시장의 개방으로 외국의 다국적 기업이 무차별한 가격 파괴, 덤핑을 자행할 가능성을 열어주게 됩니다.

도서정가제는 균형 있는 지역 문화의 발전과 국민의 정보 복지를 위해 필요합니다.

할인 제도에서 지방의 독서는 중앙의 독자보다 더 비싼 가격을 지불해야 책을 접할 수 있습니다. 가격 경쟁에서 유리한 중앙의 대형 서점, 온라인 서점이 전국의 도서 시장을 독식할 위험이 있습니다.

지나친 할인 경쟁은 소비자의 이익이 될 수 없습니다. 다양한 좋은 책을 출판, 유통하여 건강한 독서 문화를 가꾸어 가기 위해서 완전한 도서정가제가 실현되어야 합니다.

제5장

집집마다 동화 읽는 어른

1. 어린이도서연구회의 설립과 발전
2. 어린이도서연구회 25년의 사회적 의의
3. 집집마다 동화 읽는 어른
4. 어린이는 우리 모두의 희망
5. 북한 지역의 미래 회원들과도 함께 할 날을 기대하며

1 어린이도서연구회의 설립과 발전*

어린이도서연구회(이하 어도연)는 서울양서협동조합(이하 서울양협)을 모태로 하여 생긴 단체이다. 양서협동조합(이하 양협)은 젊은이들이 중심이 되어 양서(良書) 곧 좋은 책을 선정하고 널리 권함으로써 밝은 사회를 만들어 가자는 독서 운동 단체였는데, 1978년 부산과 서울에서 창립되었고 잇따라 수원, 청주, 대구에서도 생겨났다. 서울양협은 처음 광화문에서 서점을 내고 좋은 책 읽기 캠페인을 벌이는 따위 국민 독서 운동을 전개하였다. 1980년 3월 필자는 이 단체의 실무 책임을 맡으면서 어떻게 독서 운동을 벌여 나갈 것인지를 골몰히 생각하며 여러 벗들과 함께 토의에 토의를 거듭했다. 그 결과 효과적인 독서 운동을 하려면 운동의 대상을 확실히 해야 한다는 결론을 얻어냈다. 그리하여 그 대상층을 어린이→청소년(중고생)→주부→일반인 쪽으로 확대해 나가자는 방침을 확정하였다. 이에 따라 첫 번째로 어린이를 위한 독서 운동을 펴나가기로 정했다.

이때 이런 활동에 일찍부터 뜻을 두었던 이주영 선생을 비롯한 초등학교 교사들, 그리고 송창석, 조월례 씨 같은 양협 회원들의 적극

* 1996년 어린이도서연구회 16주년 기념 모임에서 발표한 내용을 정리한 것임.

적인 참여로 어린이도서연구회가 서울양협의 소모임으로 1980년 5월 시작되었다. 이들은 주마다 모여 어린이 책들을 직접 구입하여 돌려 가며 읽고 품평회를 거치며 어린이 책과 어린이 문화에 대한 연구를 하기 시작했다.

또한 사회 활동으로 어린이도서전시회를 시청 전철역 전시 공간에서 5월 5일 어린이날을 전후하여 열기로 하였다. 그러나 어린이도서전시회를 몇몇 회원들의 힘으로만 추진하자니 매우 힘들었다. 출발부터 사회적인 무관심과 냉대에 부딪쳐 여간 실망이 큰 게 아니었다. 출판사들은 책을 잘 내주려 하지 않았으며, 공신력을 얻고자 대한출판문화협회에 후원 요청을 하였으나 거절당했다. 그러나 이주영을 비롯해 몇몇은 이에 낙심하지 않고 활기차게 밀고 나갔다. 결국 당시 전집 출간을 위주로 하던 대형 출판사들의 비협조와 냉대 속에서 오히려 작지만 창작 동화를 펴내고 있던 작은 출판사들의 호응을 얻어, 겨우 5백~6백종의 서적을 전시할 수 있었다.

결과적으로 다행이었던 것은 전시 서적 가운데 대부분이 국내 창작물이어서 오히려 당시로선 상업성도 없고 종류도 많지 않았던 국내 창작 동화를 한자리에 모아 놓을 수 있는 성과를 보여줄 수 있게 되었다.

당시 행사의 성공과 공신력을 위해서 조합원들이 아는 젊은 친구 기자들을 활용하여 전시회를 기사화했다. 당시 기자들 중에도 조합원이 더러 있었다. 그때의 아동 서적은 외판이 주도했고 외국 번역물 전집 위주였다. 우리 실정에 맞지 않음은 물론 세계적 변화 추세에도 뒤진 것들이었다.

전시회 직전 이상금 교수는 세미나에서 아동용 국내 창작물이 없다는 발표를 했고 이것이 크게 기사화되었다. 우리는 취재하러 온 기자들을 향해, 왜 국내 창작물이 없다고만 발표하는가, 여기 이렇게 200종 이상을 모아서 전시하니 살펴보고 보도하라고 요청했다.

나아가 아동 전문 책방이 나와야 한다, 부모가 자녀와 함께 서점에 나가 직접 책을 골라 주라는 등을 주장했다. 우리의 주장은 일부 매스컴의 주목을 받았고 학부모들의 관심을 끌었다.

그 다음해인 1981년 어린이도서전시회는 더 성대해지고 호응도 쉽게 끌어냈다.

그러나 양협은 1982년 3월 사회적 상황과 자체 내의 경영 부실로 인하여 해체되고 말았다. 그래도 어린이도서연구회는 계속하기로 해서 오늘까지 이렇게 이어져 16년의 역사를 기념하게 되었다. 어린이도서연구회는 물론 아직도 미흡한 점이 많지만, 15년 전을 생각할 때 장족의 발전을 했음을 자타가 인정할 것이다. 그 배경에는 조월례, 이주영 씨 같은 몇몇 열성파들의 끈기와 집념이 바탕이 되었음은 두말 할 것 없다. 그 끈기는 가히 한 삽 한 삽 떠서 걸림돌이 되었던 태산을 깎아 평지를 만들었다는 중국 고사에 나오는 우공노인의 일화를 연상할 만하다.

물론 그 밖에도 사회 전반적 문화 의식의 발전, 국민 다수의 지적 수준의 발전이 그 배경으로 작용했을 것이다.

처음에 불과 십여 명으로 시작했던 어린이도서연구회가 오늘날 자료 회원을 합쳐 일천여 명의 회원을 가진 큰 단체로 발전했고, 출판 · 서점계, 언론계에서 공신력을 인정받는 단체로 성장했다. 심지어 상업적으로도 '어린이도서연구회 추천 도서'라는 광고가 효과를 발휘한다고 인식할 정도가 되었다. 이제는 어린이 독서 지도 요원도 상당수 배출시켰으며, 어린이도서연구회가 우리 사회에서 해야 할 일은 점점 더 많아지고 있다.

그러나 어린이도서연구회의 활동, 어린이 독서 운동은 앞으로가 더 중요하다.

앞으로 세계는 문화 · 정보가 지배하는 시대이다. 역사적으로 생산력의 기초가 노동력이나 물질이던 시대에서, 에너지와 기술이던 시대를 거쳐 이제는 문화와 정보인 시대로 바뀌었다. 다시 말하면 문화를 파는 시대가 온 것이다. 문화는 생활양식 전체를 지배한다. 무얼 먹느냐, 입느냐, 무엇을 즐기느냐 하는 것이 모두 문화이다. 지금은 산업 물품보다도 오락 레저 산업이 세계 시장의 큰 비중을 차지하는 시대이다. 이럴 때 어떤 문화의 영향을 받느냐 하는 것은 바로 생존의 문제가 된다.

우리가 어떤 문화를 만들어 갈 것인가, 그리고 외국의 문화 중에서도 어떤 문화를 받아들이고 배격하느냐 하는 것은 매우 중요한 문제이다. 이 문화에 대한 감각과 인식은 상당 부분이 어릴 적에 기초가 형성된다는 사실을 생각할 때, 어린이 문화의 중요성은 새삼 강조하지 않을 수 없다.

물론 앞으로는 세계화의 시대이다. 세계와 교류하는 시대이다. 교류하자면 자기 것, 자신의 독창성을 가져야 한다. 자기 것, 자신의 독창성을 키우는 것은 어릴 때부터 독서를 통하는 것이 지름길이다. 모방이 아니라, 우리의 창작물, 우리의 자연과 문화를 느낄 때, 우리는 세계와 당당히 교류할 수 있는 시민이 될 수 있다.

이럴진대 어린 시절부터 좋은 책을 골라 읽히고자 하는 어린이도서연구회가 할 일은 점점 더 많아지지 않을 수 없다.

2 어린이도서연구회 25년의 사회적 의의*

25년, 사반세기입니다. 짧지 않은 기간이지요. 그동안 앞만 보고 달려왔으니, 잠시 지나온 발자취를 돌아볼 필요도 있겠습니다. 어린이도서연구회 25년이 한국 사회에서 갖는 의미는 무엇일까요? 저는 우선 세 가지를 들고 싶습니다.

첫째, 좋은 어린이 책 읽기 운동을 전개한 점입니다. 이 운동의 모체는 젊은이들이 모여 좋은 책을 권장하는 운동을 벌였던 서울양서협동조합입니다. 서울양서조합의 산하 모임으로 출범한 어린이도서연구회는 1980년 5월 서울 시청 전철역 전시장에서 창작 동화 200여 종을 모아 놓고 어린이도서전시회를 열었습니다. 지금 돌아보면, 매우 소규모의 전시회에 불과하였지만, 당시의 빈약한 어린이 책 출판 시장과 독서 풍토에서는 이례적인 행사로 인식되어 언론의 주목을 끌었습니다. 어린이 독서 운동의 시발점이 아니었나 생각해 봅니다. 이 전시회 이후에도 회원들은 매주 모여 어린이 책을 읽고 토론하며, 좋은 책을 선정 · 권장하는 작업을 벌여 오늘까지 온 것입니다.

둘째, 어도연의 독서 운동은 어린이를 주체로 인식하였다는 점입

* 2005년 5월 28일 '어린이도서연구회 창립 25주년 기념식'에서 행한 인사말.

니다. 즉, 어린이는 교육이나 지도의 대상이나 객체가 아니라 그들 자신이 스스로 생각하고 권리를 행사해야 하는 주체로 본 것입니다. 따라서 어린이들에게 읽힐 책을 고를 때도 어린이와 함께 하였으며, 어린이들의 솔직한 글을 모아 단행본으로 펴내기도 하였습니다. 또한, 어린이가 〈온전한 인격과 권리의 주체〉임을 강조한 〈새 천년 어린이 선언〉을 발표하기도 하였습니다. 어도연의 이러한 인식은 최근 사회 전반으로 확산되기 시작하였다고 생각합니다. 바로 지난 달, 국가인권위원회에서는 강제적인 어린이 일기 검사와 평가가 인권 침해라고 밝혔고 교육인적자원부에서도 이러한 견해를 받아들였습니다. 바람직한 방향으로 나아가는 시초일 것 같습니다.

셋째, 시민 단체의 창립과 발전 과정에서 모델이 되어 준다는 점입니다. 1980년 십여 명의 회원으로 시작한 어도연은 1990년대에 일천 명을 넘었고 오늘날 오천여 명의 회원을 가진 단체로 성장하였습니다. 그러나 그 발전 과정은 상업성과 정치성이 배제된 상황에서 순수한 시민들의 자발적인 노력 봉사와 소액 회비만으로 이루어져 왔습니다. 그래서 어도연의 의사 결정은 매우 느려 보이고 회의 한번 하면 몇 시간씩 끌게 되어, 처음 온 분들은 다소 답답해 하지만, 이것은 어도연이 민주적인 조직임을 보여주는 것입니다.

다가올 사반세기를 새롭게 닦아 나가는 데에도 어도연은 그동안 품어 왔던 어린이에 대한 인식을 더 깊이하고, 민주적 조직으로서의 특성을 더욱더 강화해야 할 것이라고 생각합니다.

3 집집마다 동화 읽는 어른*

이번 동화 읽는 모임 대표자 연수의 주제는 '대표자의 자세와 역할'로 나와 있습니다. 저도 대표자의 중요성을 새삼 생각해 보게 되었습니다.

현대는 각자의 개성과 자주성이 중시되는 민주주의 시대이지만, 대표 또는 리더의 역할은 더욱 중요시되고 있는 것 같습니다. 물론 그 의미는 옛날과 달라졌지요.

오늘날 리더의 이미지는 예전과 같은 통솔력 있는 인물이 아니라 조직 구성원들의 갈등을 조정하고 화합시키는 중재자로 바뀌고 있습니다. 어린이도서연구회 같은 시민 단체의 경우도 마찬가지이겠지요. 더욱이 최근 우리처럼 조직이 개편 확장되어 나가려 할 때에는 화합의 역할이 더 절실히 요청되리라 봅니다.

이런 것을 기본으로 하고, 리더의 역할을 살펴본다면, 꿈 또는 비전이 공유되고 확산되어야 하지 않을까 생각합니다. 조직 구성원 전체가 공동의 꿈을 확고히 지니게 하는 것, 그리고 조직 바깥의 사회 전체를 대상으로 그 꿈을 확산시켜 나가는 것이 리더의 중요한 임무이겠지요.

* 〈2005년 어린이도서연구회 대표자 연구 자료집〉에 실린 '인사말'.

최근 라디오 아침 프로그램에서 어린이 독서 교육을 주제로 이야기하는 것을 들었는데, 어린이 책 읽기 운동을 활발히 전개하는 단체는 있지만, 아직 전 국민적 관심사로 확산되지 못한 것이 아쉽다는 내용이 들어 있었습니다. 구체적으로 어도연을 지칭하지는 않았지만, 우리 회를 가리키는 것 같았습니다. 그러고 보니, 우리가 오천 회원을 헤아린다고 하지만, 이것은 전국 1천만 가구에 비할 때, 2천 분의 1에 해당되는 미미한 비율입니다. 달리 말하면, 천리 길을 가야 하는데, 이제 반걸음 내디딘 셈입니다. 우리 꿈의 전국 확산이라는 면에서 볼 때 말입니다.

우리의 꿈이 무엇이냐고요? 정답은 '동화 읽는 어른'이라는 모임 명칭에 다 들어 있습니다. 동화를 읽는 어른이 한 집에 한 명 이상씩만 탄생한다면, 우리의 목표는 달성되는 것이 아닐까 생각해 봅니다. 너무 거창한 것 아니냐고요. 글쎄요. 어떤 조직이든 그 구성원들이 지닌 꿈의 크기만큼 발전하는 법이 아닐까요. 이러한 꿈을 키워 주는 것이 대표자들의 몫일 겁니다.

집집마다 동화 읽는 어른! 언제 되뇌어도 아름다운 우리 모임의 이름이요 꿈입니다.

4 어린이는 우리 모두의 희망*

우리 회의 핵심 단어는 어린이입니다. 어린이는 우리 모두의 희망입니다. 여기에서 우리 모두는 가족, 지역 공동체, 민족 나아가 인류 전체를 아우르는 말이겠지요.

우리 민족은 숱한 고난의 역사 속에서도 희망을 잃지 않고 살아왔습니다. 6 · 25전쟁의 폐허 속에서도 우리 선배들은 피난지에서 천막학교를 임시로 개설하여 어린이와 청소년들을 가르쳤습니다. 그것은 민족의 희망을 확인하는 일이었습니다.

현재 전쟁의 와중에 있는 이라크에서도 가장 절실하게 도움을 필요로 하는 것은 먹을 것보다도 어린이 교육이라고 합니다. 희망의 불씨를 살려야 하기 때문일 것입니다. 최근 미국에서는 전쟁 수행 비용이 커져서 교육 부문 예산이 깎이고 있다는 신문 기사를 본 적이 있습니다. 이것은 스스로 희망을 죽이는 일입니다. 강대국의 어리석음입니다.

지금 한국 경제는 IMF 위기 때보다도 더욱 어렵다는 소리가 여기저기에서 들려옵니다. 모든 소비가 얼어붙으면서 가계 지출에서 교육비마저 줄이고 있다는 기사가 나올 정도가 되었습니다.

* 〈동화 읽는 어른〉, 2005년 1월.

그러나 국가든 가정이든 살림이 어려워질수록 어린이 교육에 대한 관심과 지원을 확대해야 할 것입니다. 우리 모두의 미래가 그곳에 있기 때문입니다.

이처럼 나라 경제가 어려워지고 있다는 요즘, 어린이도서연구회에서는 총회를 열어 회원 확대를 위한 정관 개정안을 의결하였습니다. 단일화를 위한 정관 개정안이 바로 그것입니다. 이번 총회에서 느낀 점을 몇 가지 적어볼까 합니다.

우선, 어린이도서연구회 회원들의 확고한 주인의식입니다.

막중한 역할을 감당해야 할 상임이사들이 2년 임기마다 새롭게 선출되어 나오는 것을 확인하면서 우리 회의 끊임없는 역동성에 자부심이 생깁니다. 또한 이사 선출 과정을 보아도 이사 후보로 나서는 사람이나 뽑는 사람이나 모두 현재 자신이 처한 상황에서 나름의 역할을 뚜렷이 인식하고 주장합니다. 정말로 모두가 어도연의 주인임을 보여주고 있습니다. 그래서 일반 사무는 물론이고 각종 위원회나 모둠 활동과 같은 복잡하고 다양한 일들이 발전적으로 추진되고 있구나 하는 것을 느낄 수 있었습니다.

둘째, 어도연은 민주적인 단체라는 점을 새삼 강하게 느꼈습니다. 우리 사회에 많은 시민 단체가 활동하고 있지만, 어도연처럼 오로지 회원들의 자발적인 노력과 회비로 운영되는 단체는 드물 것입니다. 모든 의사 결정도 전체 회원의 참여 속에서 이루어지고, 총회가 가장 중요한 실질적인 의결 기구가 되고 있습니다. 말하자면 참여 민주주의의 전형이라 할 수 있겠지요. 그런데, 이번에 회원 자격을 확장하는 정관 개정을 하면서 대의원 제도를 도입하게 되었습니다. 전국에 널리 퍼져 있는 회원과 미래의 잠재 회원들을 배려한 결단이라 할 수 있겠습니다. 이로써 어린이도서연구회의 회원이 전국적으로 증가하고 조직 역량이 커지면서 활동 반경 또한 늘어나리라 기대됩니다. 이에 못지않게 우리 회가 대의 민주주의의 모범적인 사례를 보여줄 기회를 얻었다는 데 큰 의미를 두고 싶습니다.

셋째, 이번 총회를 통하여 우리의 희망을 널리 퍼뜨릴 수 있겠구나 하는 것을 확신하게 되었습니다. 대의원 제도는 보다 많은 분들을 정회원으로 받아들여 어린이로 상징되는 희망을 널리 퍼뜨리기 위한 것입니다. 어려운 시대에 희망을 확장하기 위하여 더 많은 주역들에게 제자리를 주는 것이 어도연의 할 일이라고 생각합니다.

5 북한 지역의 미래 회원들과도 함께 할 날을 기대하며*

어린이도서연구회가 펴내는 월간지 《동화 읽는 어른》이 100호가 되었습니다. 정말로 가슴 뿌듯하고 기쁜 일입니다.

우리나라 잡지를 보면, 창간은 왕성하되 오래 지속된 것은 그리 많지 않았습니다. 역사적으로 3~4호 또는 1~2년 발간하다 중단한 잡지들이 부지기수입니다. 이런 현상은 현재도 마찬가지입니다. 1999년 12월 문화관광부에 등록된 잡지만 해도 무려 5,563종이나 됩니다. 이 중 월간지가 2,319종입니다. 또한 최근 3년간 해마다 4백~5백 종의 잡지가 창간되고 7백~8백 종의 잡지가 폐간되는 것으로 나와 있습니다. 이처럼 잡지의 폐간이 창간보다 많다는 통계는 잡지의 수명이 단명하다는 사실을 단적으로 보여주는 것입니다.

1992년 2월에 창간된 《동화 읽는 어른》이 9년의 세월을 거쳐 100호를 기록했을 뿐만 아니라, 잡지의 외양과 내용 모두에서 커다란 진전이 있었습니다. 어린이도서연구회 20년의 성장 발전에 비견할 만한 의의를 지닌다고 생각합니다. 더구나 《동화 읽는 어른》은 유가지가 아닙니다. 관련 단체와 회원에게만 보급하는 어린이도서연

* 〈동화 읽는 어른〉, 2000년 12월. "〈동화 읽는 어른〉 100호를 축하하며"라는 제목으로 게재.

구회 기관지로서 이만큼 발전해 온 것은 대단한 의미를 지닙니다. 어린이도서연구회가 오직 시민들의 힘으로 유지 발전되어 왔음을 여실히 보여주는 증거입니다.

초창기에 여남은 명의 회원들로 시작된 모임이, 어린이 독서와 문화에 관심을 지닌 시민들이 모여들어, 직접 아동 도서를 돌려 읽고 우리 아이들에게 필요한 독서 교육을 연구하는 가운데, 자연 그 수가 서서히 불어난 것입니다. 오늘도 어린이도서연구회는 좋은 책을 어떻게 선정해서 우리 아이들에게 읽힐 것인가, 사회적으로 독서 풍토를 조성하는 데 어떻게 기여할 것인가 하는 데에 관심을 갖고 활동하고 있습니다. 이런 활동의 하나가 월간 《동화 읽는 어른》으로 표현된 것입니다.

지난여름 연수에 참가하여, 전국 각지에서 온 회원들이 모여 1박을 하며 어린이 독서 문제를 함께 고민하고 논의하는 진지하고 열띤 분위기를 느낄 수 있었습니다. 이런 회원들의 분위기가 《동화 읽는 어른》 100호 발간을 쉽게 만들어낸 원동력이고 앞으로도 발전을 확신하는 힘이라고 생각합니다.

앞으로 이러한 모임들을 남한만이 아니라, 북한에 있는 미래의 회원들과도 함께 할 날을 그려봅니다.

제6장

출판 발전과 독서 운동

1. 독서는 국가 경쟁력의 중요한 원동력
2. 출판계 불황의 근본 원인과 도서관 제도의 문제점
3. 한국 출판 발전과 독서 운동의 방향

1 독서는 국가 경쟁력의 중요한 원동력*

책은 옛날부터 위대한 성인(聖人)들의 가르침을 담고 있기 때문에, 인류의 스승으로 일컬어져 왔다. 현대와 같은 국제화 · 정보화 사회에서 책 읽기는 국가 경쟁력을 강화하는 일로서 중요시되고 있다. 이에 따라 현재 선진 각국은 경쟁적으로 독서 권장 운동을 벌이고 있다. 미국은 클린턴 정부 시절 대통령과 그의 부인이 직접 독서 운동에 앞장서서 독서 운동 전문가 회의를 백악관에서 개최하였고, 일본은 학교 교육 과정 전반에 걸쳐 읽기 · 쓰기가 존중되어야 한다는 기본 이념을 토대로 '문자활자문화진흥법'을 이미 제정하여 시행중이다. 영국은 어린이들을 대상으로 '잠들기 전 책 읽어주기(Bedtime Reading)' 운동을 활발하게 전개하고 있다.

최근 국민 소득과 국가 경쟁력에서 세계 1위 국가로 평가받고 있는 핀란드 같은 나라는 전 국민이 책을 읽자는 운동에서 한 단계 더 나아가 독서 장애자를 치료하는 차원으로까지 발전되었다고 한다. 한국에서도 아침 독서 운동, 거실을 서재로 꾸미기 등 다양한 독서 운동이 전개되고 있고, 특히 기적의 도서관 건립 운동이 성공을 거둔 바 있으며, 공립 도서관의 수도 늘어나고 있다.

---

* 〈이천설봉신문〉, 2007. 8. 16.

이제 중요한 것은 도서관의 내실 문제일 것이다. 도서관이 읽을 만한 책과 능력 있는 전문 사서 등을 확보하고 있어, 지역의 문화센터 역할을 제대로 수행하고 있는지 주시해야 할 것이다. 우선 우리 지역 공립 도서관의 실태부터 조사해서 개선할 것을 제안한다.

1-1 두뇌 발달에 크게 기여하는 독서의 효과 입증

독서는 어린이들의 두뇌 발달에 큰 도움이 되는 것으로 연구 결과가 나온 바 있다. 즉, 뇌 생리학자들의 실험 결과 중요한 몇 가지 사실이 밝혀졌다고 한다.

첫째, 책읽기가 두뇌 전체에 흐르는 피의 양을 많게 하였고 뇌의 회전 속도를 빠르게 하였다. 둘째, 책읽기가 두뇌 중에서 사고력, 판단력, 창의력 등을 관장하는 부분을 활성화시켜 주는 것으로 나타났다. 셋째, 소리 내어 읽는 것이 두뇌 활성화에 더 유효한 것으로 나왔다. 동화를 큰 소리로 읽는 것이 기억 능력 향상에 기여한다는 것이다.

반면에 컴퓨터 게임에 집중하는 동안에는 두뇌가 전혀 활성화되지 않고 있는 것으로 드러났다. 오히려 게임 중독에 빠진 어린이들은 생각하기를 싫어했고, 집중력이 부족했으며, 감정 통제 능력이 부족했다.

1-2 어린이에게 독서 습관을 길러주어야

이제 중요한 것은 어린이들의 독서 습관을 어떻게 키워줄 것인가 하는 문제이다. 원칙적인 면에서 몇 가지 방안을 제시하고자 한다.

첫째, 가족이나 학교는 독서 환경을 최대한 조성해 주되, 책읽기를 강요하거나 책을 많이 읽었다고 상을 주려고 해서는 안 된다. 부모가 놀이 삼아 서점에 데리고 가더라도 책을 골라 주어서는 역효과가 날 것이다. 정 사주고 싶은 책이 있으면 집에 비치해 두고 어른들이 즐겁게 읽고 있으면 그만이다. 어른들이 고른 책을 어린이들이 읽는지 여부는 관심을 갖지 않는 것이 좋다. 재미있고 유익한 책이면 아이들 스스로 언젠가 펼쳐 들 것이기 때문이다.

둘째, 다양한 취미 활동을 하게 해 주어야 한다. 어릴 때에는 시각, 청각, 촉각 등 모든 감각 기관을 최대한 살려 주는 것이 좋다. 흙을 만지고 미술을 즐기고 음악을 벗하며 운동을 좋아하게 해야 한다. 이런 다양한 활동에 적극적인 어린이는 책읽기에도 적극적이 될 뿐만 아니라 독서의 폭도 넓어질 것이다.

셋째, 호기심을 살려주고 권장해 주어야 한다. 공부든 독서든 호기심에서 우러나게 해야 즐거움이 커지는 법이다. 암기 위주의 한국 교육은 상급 학교로 올라갈수록 이런 호기심을 죽이고 있다. 이런 점이 우리의 고등 교육을 세계적 수준으로 끌어올리지 못하는 원인이 되고 있다고 생각한다.

넷째, 텔레비전 시청을 주도적으로 통제할 수 있게 해야 한다. 텔레비전은 여가 활용에 없어서는 안 될 매체이며, 동시에 중요한 교육의 도구로 활용될 수도 있다. 그러나 과도한 시청은 집중력을 손상시키며 독서 습관의 형성에 걸림돌이 된다. 특히, 집에 오자마자 텔레비전을 습관적으로 틀어놓는 행동은 삼가야 한다. 어린이가 텔레비전을 보더라도 스스로 프로그램을 골라서 볼 수 있게 훈련시켜야 한다. 책이든 TV 프로그램이든 어린이 스스로 선택하여 즐길 수 있도록 도와주어야 할 것이다.

2 출판계 불황의 근본 원인 및 도서관 제도의 문제점*

2-1 출판계 불황의 역사적 배경

출판계에는 최근 불황이라는 소리가 끊이지 않고 따라다닌다. 그럼에도 불구하고 출판사 수는 해마다 늘어난다. 출판사의 증가는 IMF 경제 위기에도 예외가 없었다. 구체적인 수치를 보면, 1990년 6,296개사에서 95년 11,571개사, 98년 13,822개사이더니 99년에는 15,385개사를 기록하였다. 통계로만 보면, 4,666만 남한 인구에서 대략 3천 명당 한 명꼴이 출판사 발행인이라는 이야기이다. 그러고 보면 출판 불황이라는 말도 어색해진다.

하긴 오늘의 우리 출판을 불황이라고 하지만, 해방 이후의 출판 산업을 역사적으로 살펴보면, 지속적으로 발전해 왔음을 알 수 있다. 신간 도서 발행 종수만 보더라도 1970년대 초에도 3천부를 넘지 못하였다. 이것은 아시아나 아프리카 후진국들의 수준과 별 차이가 없었음을 의미한다. 그러나 1970년대 후반 1만 종을 넘어서고, 1980년대에는 신간 발행 종수 2만 종에 발행 부수도 1억 부를 돌파하면서, 한국은 양적으로는 전 세계 10위 안에 드는 출판 대국

---

* 격월간 〈동방문학〉, 제20호, 2001년 4월.

의 대열에 들어서게 되었다. 1970년대 이후 한글세대의 등장과 함께 판매량도 크게 증대되어, 베스트셀러의 단위도 5천이나 1만 부에서 5만 부, 10만 부로 늘어났고, 그 베스트셀러의 목록도 다양해져서 소설뿐만 아니라 시(詩)나 성인용 동화는 물론, 사회 과학 서적까지도 한 자리를 차지하게 되었다. 경제 성장과 함께 서점 경기도 좋아지고 출판계도 활기를 띠기 시작하였다. 더욱이 1980년대에는 100만 부 이상을 판매하는, 이름 그대로 밀리언셀러까지 등장할 정도가 되었다. 1983년 김홍신의 『인간시장』을 필두로, 시집 『홀로서기』(서정윤)도 100만 부 판매라는 당시로선 경이적인 기록을 세우게 된 것이다.

그러나, 이후로 한국의 출판 시장은 변모하게 된다. 우리 출판업계의 고질적이고 지속적인 불황의 목소리는 이때부터 잉태된 셈이라고 볼 수 있다. 밀리언셀러의 행진은 계속되어 소설 『동의보감』, 소설 『토정비결』, 『무궁화 꽃이 피었습니다』 등으로 이어지면서, 출판업은 이제 소자본으로도 일확천금이 가능한 업종으로 부각한다. 더구나 80년대와 90년대 초반의 밀리언셀러들의 저자가 대부분 이른바 본격 문학의 문단 주류 출신이 아니고 무명의 작가가 많았다는 사실은 출판인들로 하여금 일확천금의 가능성을 더욱 고조시켰다. 마케팅이 중요시되고 서적 광고는 대형 광고 위주로 바뀌게 된다. 양질의 스테디셀러의 발간을 통한 건실한 출판은 광고 시장이나 서점 매장에서 설 자리가 좁아졌다. 출판사도 서점도 대형 베스트셀러에 의존하여 활로를 찾으려는 습성이 생겨난 것이다.

여기에서 크게 성공한 출판사들이 다수 등장했다. 물론, 이외에도 스테디셀러나 전문 분야의 출판을 고수하며 자신의 이미지를 확고히 하여 출판사 나름의 역사와 전통을 만들어나갈 수 있었던 출판사들도 상당수 나왔다. 그러나 대부분의 출판사들은 영세성을 벗어나지 못하고 한국 출판 산업의 전근대성을 드러내는 역할을 맡게 된다. 심지어 1년에 책을 한 종도 발행하지 못하는 출판사들도 부지기수로 나오게 된다. 1999년의 통계만 보아도 무실적 출판사가 13,381개사로서 전체의 87%나 된다. 반면에 1년에 11종 이상을 발행하여 사업이란 이름을 붙일 만한 출판사 수는 669개사로서 전체의 4%에 불과한 실정이다. 결국 그 수많은 출판사들은 출판업의 영세성과 전근대성을 대표해주는 구실을 하며, 중도 하차하고 출판업을 유아사망률이 높은 업종으로 만들어 버리고 있는 것이다.

한편, 90년대 중반 이후 대여점이 성행하면서 대형 베스트셀러의 형성 자체가 막히게 되자, 출판 시장은 전체적으로 침체에 빠지게 되었다. 2000년도에는 그나마 해리포터 시리즈, 『가시고기』 같은 책들이 밀리언셀러가 됨으로써 출판 시장의 매출액을 올리는 데 기여했지만, 인문 사회 과학서, 전문 학술서 등 여타 분야의 출판은 침체를 벗어나지 못하였다. 또한 전체 매출액이 일부 베스트셀러에 집중되는 양극화 현상이 벌어지기도 했다. 올해 1월 5일자 〈출판저널〉의 보도에 의하면, 대형 서적 도매상인 송인서적의 경우 지난해 매출액 순위 500위 중에서 50위에 든 책이 전체 매출액의 47%를 차지했는데, 그 가운데 해리포터 시리즈, 『가시고기』, 『부자 아빠 가난한 아빠』, 『국화꽃 향기』 등이 48%를 점유하는 현상이 벌어졌다고 한다.

물론, 일부 실용서를 내는 출판사들의 경우는 그래도 비교적 높은 매출을 올리면서 탄탄한 경영을 하고 있지만, 출판계의 전반적인 분위기는 불황의 소리로 가득 채워졌다. 말하자면, 전반적인 서점의 매출액이 떨어지고 있다는 것이다.

이러한 현상은 어찌 보면 출판 서점계 활동 자체의 내재적인 요인에서 비롯된 점이 적지 않다고 볼 수 있다. 그동안의 출판 서점계 풍토가 대형 베스트셀러의 기획과 보급에만 매달림으로써 출판 산업을 기형화시켜 버린 것이다. 즉, 다양한 분야에서의 참신한 저자 발굴과 독자 개발, 이를 위한 광고 홍보라는 본연의 기능을 외면하는 데에서 온 현상이라고 생각한다.

2-2 독서 환경과 독서 실태

이상은 출판 불황의 근본 원인을 출판계 내부에서 살펴본 것인데, 또 다른 중요한 요인은 출판계 외부에서 찾을 수 있다. 즉, 전체 국민의 독서력 빈곤이다. 교육 인구가 확대되고 경제 성장과 함께 여가 시간이 증대하면 독서 수요는 늘어나는 것이 당연하다. 물론 한국의 경우도 한글세대의 등장으로 인한 독자층의 확대 등 일정 부분은 그러했다. 그러나 한국이 세계 10대 무역 대국임을 자랑하고 다른 나라에서는 유례를 찾아보기 어려울 정도의 뜨거운 교육열로 엄청난 사교육비를 지출하는 점을 고려할 때, 한국인의 독서량은 초라할 정도이다.

구체적으로 한국출판연구소에서 1999년도에 전국의 성인 남녀

1,500명을 대상으로 실시한 국민 독서 실태 조사에 의하면, 지난 1년간 한 권의 책도 읽지 않은 사람이 22.2%로 성인 10명 중 2명이 넘는 것으로 나타났다. 우리나라 성인의 연평균 독서량은 같은 기관의 조사에 의하면 9.3권인 것으로 나타났다. 말하자면, 한 달에 한 권의 책도 읽지 못하는 셈이다. 이것은 같은 해 일본의 마이니치(毎日) 신문에서 조사한 일본 성인의 월평균 독서량 1.5권에 비하면 절반 수준에 해당된다.

또한 한국 학생들이 한 학기 동안 읽은 책은 초등학생이 23.3권, 중학생 9.6권, 고등학생 7.1권으로 조사되었다. 그나마 학생들의 독서량은 성인과 비교할 때 높은 수준임을 보여준다. 그러나 이들의 독서량은 학년이 올라갈수록 떨어지고 있어, 교육 열기가 독서와는 반대 방향으로 가고 있음을 보여준다. 이것은 단적으로 잘못된 교육 제도에서 생겨난 문제이다.

초등학교에서는 독서가 어느 정도 장려되고 학부모들도 관심을 기울이지만, 중학교부터 우리의 교육에서 독서가 설 자리는 거의 사라져 버렸다. 점수를 따기 위하여 암기를 잘 해야 우수한 학생이 되는 교육이 되어 버린 것이다. 독서를 통하여 창의성과 사고력, 논리력 등을 개발하는 일은 눈앞의 입시 경쟁에서 장애물로 존재할 뿐이다. 이러한 상황을 개선하고자 대학 입시에서 논술 고사 등을 도입하지만, 여기에 대비한 논술 족집게 과외, 논술 대비용 문장 암기 따위가 새로운 과외로 등장할 뿐이다. 올해도 대학 입시의 논술을 채점한 교수들은 논술 채점에서 대다수 답안들이 자신의 생각을 쓴 글인지 암기해서 쓴 문장인지를 가려내는 것이 참으로 어려웠다고 한다. 독서 교육이 결핍된 우리 교육의 실정인 것이다.

2-3 도서관 제도의 문제점

교육 제도 외에 한국인의 독서력이 빈곤할 수밖에 없게 만드는 또 다른 중요한 요인은 도서관 환경의 열악성이다. 학생이나 일반인들이 마음껏 독서할 수 있는 도서관 시설의 미비는 심각한 문제가 아닐 수 없다.

첫째, 도서관 수를 살펴보자. 「한국도서관통계」에 의하면, 한국의 공공 도서관 수는 1998년 12월 현재 370개로 나와 있다. 이것은 터무니없이 적은 수효로서 전체 인구에 비할 때, 12만 6천 명에 하나 꼴인 셈이다. 일본도서관협회에서 발행한 「일본의 도서관」(1998)에 나온 통계에 의하면, 일본은 자동차도서관 691개를 빼고도 2,524개의 공공 도서관이 있다고 한다. 인구수를 감안해도 무려 7배 정도가 차이가 나고 있다. 더 큰 문제는 도서관 수의 추이이다. 일본은 해마다 70여 개 정도의 도서관을 새로 건립하고 있다. 즉, 1990년 1,928개에서 계속 늘어나 지난 8년간 596개가 늘어난 것이다. 반면에 우리는 1990년 231개사에서 같은 기간 동안 139개가 증가하여 연평균 17개 증설에 불과했다. 이것은, 이대로 간다면 양국의 문화 격차, 평생 교육의 수준 격차가 더욱 벌어질 것임을 예고하는 통계가 아닐 수 없다.

대도시를 비교해도 98년 현재 공공 도서관이 도쿄에 352개, 오사카에 122개가 있는 데 비해, 서울은 25개, 부산은 18개에 불과하다. 기록에 의하면, 4세기 초 로마의 공공 도서관 수는 27개였다고 하는데, 그렇다면 서울의 공공 도서관 수는 고대 도시에도 미치지 못하는 결과가 된다. 현대의 정보화 시대 인구 천만이 넘는 수도 서울의 공공 도서관 정책의 후진성을 단적으로 보여주는 현상이다. 이러고도 어떻게 서울이 21세기 한국의 문화와 교육의 중심지가 될 수 있단 말인가.

두 번째는 도서관의 장서 수이다. 「한국도서관통계」에 의하면, 한국 공공 도서관의 장서 수는 총 1,852만 7,529권으로 나와 있다. 1인당 권수로 계산하면 0.397권에 불과하다. 일본 공공 도서관의 장서 수는 2억 6,099만 5천 권으로서 한국의 14배가 된다. 1인당 권수도 2.08로 우리의 5.2배가 된다. 말하자면 일본 국민이 세금에 의한 독서 문화 혜택을 한국 국민보다 5배 이상 더 누리고 있다는 이야기이다.

또한 해마다 공공 도서관 전체에서 새로 들여놓는 책의 수는 한국은 205만 1,258권이고 일본은 1,928만 5천 권이다. 9.4배의 차이이다. 그러나 국립중앙도서관의 경우는 한국과 일본이 큰 차이는 나지 않는다. 1998년 일본 국립국회도서관의 연간 수입 책수는 29만 4,574권이고, 한국 국립중앙도서관의 연간 증가 책수는 26만 6,021권이다. 이는 한국의 도서관 정책이 중앙 집중적으로 몰리고 있음을 의미한다. 전국 대학 도서관에서의 연간 증가 책수는 679만 2,585권이다. 1998년 한국 도서관 전체에서 연간 증가한 책의 수는 전문, 특수 도서관을 합쳐서 모두 966만 148권으로 나와 있다. 이는 같은 해 전체 신간 발행 부수(개정판 포함) 1억 5,751만 364권의

6%에 불과하다. 이것은 도서관에 의존하는 출판은 불가능하다는 사실을 의미한다.

그러나, 문화 선진국의 경우, 출판의 상당 부분이 도서관의 서적 구입을 통하여 활성화되고 있다. 영국 같은 경우, 개인 시집은 시중 판매에서 10여 부가 나가도 도서관에서 1천 부를 구입하기도 하고, 일본은 특히 아동 도서 출판 분야에서 학교 도서관만을 상대로 제작하고 도서관 전용 약 3천 세트를 갖고 채산을 맞추기도 한다고 한다. 미국은 의회도서관이 연간 7억 달러 이상의 서적을 구매하고 각 주정부들도 문화 예산의 2% 이상을 도서 구입에 배정하고 있다고 한다. 출판사들이 도서관을 보고 출판 기획을 할 수 있게 되면, 우수한 도서를 발간하면서도 얼마든지 채산을 맞출 수 있어 문화 발전에 기여할 수 있을 것이다.

세 번째는 이용의 측면이다. 도서관은 각 지역에서 생활문화의 중심 공간으로 기능해야 한다. 아무 때나 누구든지 찾아가서 이용할 수 있어야 한다. 또한 주민들 스스로가 독서회를 조직하여 도서관 공간을 이용하며 활동할 수 있어야 한다. 그러나 우리의 경우는 공공 도서관의 개관 시간 연장 자체도 쉽지 않은 실정이다. 인력 부족과 재정 부족 때문이라 한다. 도서관의 주관이나 협조로 이루어지는 독서회의 조직도 매우 미약한 형편이다.

특히 심각한 문제는 학교 도서관에 있다. 학교 도서관은 학생들의 독서 능력을 기르고 독서 습관화를 이루기에 가장 유력한 곳인데, 오히려 더 열악한 상태에 처해 있어, 국민 독서 생활화를 어린 시절부터 가로막고 있는 실정이다.

전국 1만 여개의 초 · 중 · 고교에 도서관 또는 도서실이 있다고는 하지만, 예산 부족, 전문 전담 인력 부재와 학교 측의 무관심으로 폐쇄되거나 기껏해야 자습실 정도로 이용되어 제 구실을 못하고 있다. 1999년 교육통계연보에 따르면, 전국 학교 도서관의 학생 1인당 장서 수는 4~5권, 연간 도서 구입비는 1인당 2천 원 내외에 머물고 있으며, 전국에서 사서가 배치된 학교는 고작 130여 개교에 불과한 실정이다(『한국출판연감 2000』 104쪽). 도서관 이용에서 중요한 것은 사서의 역할이다. 학부모들이 힘을 모아 학교 도서관을 꾸미고 책을 구입해 놓아도 이것을 활용케 할 사서가 확보되지 않아 실패했다는 이야기를 가끔 듣는다.

2-4 독서 환경과 도서관 제도의 개선 방안

이제 어떻게 할 것인가. 어떻게 달라져야 하는가. 답은 앞에서 제기한 문제점 속에 다 들어 있다.

사실상 1994년 이미 '도서관및독서진흥법'이 제정되어 도서관을 살리고 독서를 진작시킬 방안을 법률적으로 제시해 놓았다. 이 법의 제20조에는 "공공 도서관은 정보 및 문화 · 교육 센터로서의 기능을 발휘할 수 있도록 다음 각 호의 업무를 행한다."고 전제하고, 4호와 5호에서 그 업무를 "독서의 생활화를 위한 계획의 수립 및 실시" 그리고 "강연회 · 감상회 · 전시회 · 독서회 기타 문화 활동 및 평생 교육의 주최 또는 장려"라고 밝혀 놓았다. 같은 법의 제21조에는 "국가 또는 지방 자치 단체는 지역 사회의 정보 제공 및 문화 발전과 평생 교육을 위하여 공공 도서관을 설립 · 육성하여야 한다." 고 되어 있다.

그러나, 이 법은 실제로 제 기능을 다하지 못하고 있다. 심지어, 지방 자치 단체의 경우는 아직 시행할 준비조차 안 된 곳도 많다. 자치 단체별로 조례를 제정하고 시행해야 하는데 그렇지 못한 데가 많은 것이다.

'도서관및독서진흥법'을 살려내야 한다. 이 법의 규정대로 "독서생활화를 위한 계획의 수립 및 실시"를 할 수 있는 도서관을 많이 지어야 한다. 독서진흥법에 의하면, 공공 도서관은 국가나 지방 자치 단체는 물론 법인이나 단체 또는 개인이 설립할 수 있게 되어 있다. 각 처에서 도서관 건립 운동이 일어나야 한다.

사실상 따지고 보면, 우리 사회에는 도서관을 지을 수 있는 능력을 가진 사람들이 많다. 우선 지금까지 전직 대통령들도 여러 명 나온 셈인데, 이들이 대통령을 그만 둔 후에는 자신의 연고지마다 찾아가 도서관을 하나씩 지어 각 지역의 문화 발전에 기여해 줄 것을 제안하고 싶다. 또한 한국에서 크게 성공한 기업들도 기업 차원에서 직원들은 물론이고 인근의 지역 주민들을 위한 도서관을 건립할 것을 제안한다.

이외에도 도서관 부족을 메우기 위한 방편으로 각 학교의 도서관을 지역 주민들에게도 개방하는 방안을 연구해야 할 것이다. 현재 일부 대학 도서관은 지역 주민들에게 개방한 곳이 있다고 하는데 이를 앞으로 확대시켜 나가야 할 것이다. 특히 국민의 세금으로 운영되는 국공립 대학 도서관부터 개방에 앞장서야 할 것이다.

이와 함께, 도서관 장서의 부족 문제를 생각해보자. 도서관에 비치할 도서들은 다양해야 한다. 각 지역 서점의 진열보다 뒤떨어진다면 도서관이라 할 수 없다. 우리의 공공 도서관은 장서의 수도 문제이지만, 신간이 결핍된 것을 느낄 경우가 많다. 일반인들이 좋아할 신간은 별로 없고 고루한 옛날 책들만 놓여 있으면 도서관은 생활 문화의 중심 역할을 하기 어렵게 된다. 또한 신간의 경우는 한 권이 아니라 지역의 인구수, 도서관 이용자 수 등을 검토하여 충분히 비치하여야 한다. 충분해야 하는 이유는 구색 갖추기가 아니라, 독서 동기 유발을 위한 환경 조성이 목적이어야 하기 때문이다.

도서관의 장서 수를 늘리기 위해서는 정책 담당자나 일반인들의 도서에 대한 의식이 달라져야 한다. 우리 주변에서 흔히 보는 일인데, 어느 도서관이 건립되면, 저자나 출판사에 도서 기증을 부탁한다. 그것도 정식 공문을 발송한다. 이것은 사실상 구걸 행위인데, 정보화 시대에는 더욱 어처구니없는 행위이다. 이런 사람들도 도서관 건물을 지을 때 필요한 벽돌이나 유리 등은 벽돌공장이나 유리회사에 보내달라고 부탁하지는 않았을 것이다. 그렇다면 책은 왜 기증을 요구하는가?

이것은 그 동안 우리 사회에 문화는 공짜라는 인식이 퍼져 있었기 때문이 아닌가 싶다. 그래서 책도 기증받고 연극이나 음악 연주회도 공짜로 가려 하는 것이 일부 사람들의 생리이다. 그러나 이제는 달라져야 한다. 문화는 공짜가 아니고 가장 비싼 제품이라는 생각을 가져야 한다.

그리고 정부나 지방 자치 단체에서는 예산을 짤 때 도서 구입비를 대폭 증액해야 한다. 앞으로 정부 예산은 남북 교류 협력이 증대됨에 따라 국방비 등이 감소하게 될 것이다. 여기서 줄어드는 예산은 문화 관련 예산 특히 공공 도서관의 도서 구입비 증액에 쓸 수 있도록 해야 한다.

또한 성공한 기업은 도서관에 도서 구입비를 지원하는 일을 가장 자랑스럽게 여길 수 있도록 사회 분위기를 만들어 가야 한다. 정부도 이들에게 각종 혜택을 주어야 한다. 정부가 할 일을 대신 해주는 것이므로. 출판계는 물론 우리 문화 전반이 발전하려면, 국민들의 독서력이 커져야 함은 상식이다. 국가의 독서력은 국민 전체의 독서 수준이 향상될 때 가능하다. 이를 위한 지름길은 어린 시절부터 독서를 생활화시키는 것이다. 여기에서 학교 독서 교육의 중요성이 다시금 제기된다. 독서 지도는 전 교과에서 이루어져야 한다. 독서 교육 자체가 국어 교과에서만 다루어질 성질은 아니다. 전 교과목에 걸쳐서 독서를 활용하는 수업이 이루어져야 한다.

최근 각 대학이 학교장이나 교사 또는 공신력 있는 기관의 추천서를 대학 입시에 반영하는 제도가 생겼다. 이 추천제를 우선 독서 지도 교사들, 그리고 독서 관련 단체나 도서관 등에서 독서 능력이 있는 학생들을 훈련하고 선발하여 각 대학에 추천하는 제도를 시작할 것을 제안한다. 처음에는 한두 대학이 받아들이겠지만 차츰 선호하는 대학이 늘어날 것이다. 왜냐하면, 대학에서의 수학 능력 평가에는 가장 확실한 근거가 될 것이기 때문이다. 이러한 시도가 확산되면 중고생들의 독서 문화에도 영향을 끼치고 학부모들, 나아가 전 국민의 인식을 바꾸어주는 계기가 될 것이다.

우리의 도서관 환경이 열악한데도 불구하고 최근 공공 도서관 이용자 수는 해마다 증가하고 있다. 「한국도서관통계」에 의하면, 1990년 연간 이용자 수가 연인원 2,500만 명 선에서 95년 4,017만 명 선, 97년 5,330만 명 선에서 98년에는 6,733만 명 선으로 대폭 늘어난 것이다. 이것은 앞으로 독서 교육을 제대로 실시하고 도서관 환경을 개선한다면, 우리 국민의 독서력은 놀라울 정도로 커질 수 있음을 예시하는 사실이 아닐 수 없다. 이런 점은 불황의 목소리에서도 우리의 출판문화를 장기적으로 낙관하는 지표가 될 것이다.

3 한국 출판 발전과 독서 운동의 방향*

3-1 출판 발전과 건전한 독서 운동

오늘은 출판 발전과 독서 운동에 대한 이야기를 나누어 볼까 합니다.

출판 발전은 건전한 독자층의 확대와 밀접하게 관련되어 있습니다. 건전한 독자층의 확대를 이루자는 것이 독서 운동이지요. 먼저 출판이 무엇인지 살펴봅시다.

출판이란 저작물을 다수 복제하여 많은 사람들에게 배포함으로써 그들의 문화적 · 정신적 욕구나 필요를 충족시켜 주고 그 대가를 받아 이윤을 추구하는 행위라고 할 수 있습니다. 물론 이것은 전자 출판을 제외한 것이고 자본주의 사회에서의 정의입니다. 사회주의 사회에서는 출판을 전혀 다른 시각으로 보고 있지요. 북한에서 펴낸 〈현대조선말사전〉에는 "출판물은 당과 대중을 연결시키는 중요한 수단이며 당이 내세운 정치, 경제, 문화 건설의 과업 실천에로 근로대중을 조직 · 동원하는 힘 있는 무기"라고 나와 있지요. 이런 사회에서는 출판을 국가가 철저하게 장악하게 됩니다. 옛날 전제 군주

* 〈동화 읽는 어른〉, 2009년 10월.

시절에도 마찬가지였지요.

우리가 속한 자본주의 사회에서는 민주주의 원리와 함께 출판 산업의 주축은 민간인이며 자유롭게 이루어집니다. 그러나 무수한 익명의 독자들의 관심과 흥미를 끌지 못하면 출판 행위는 중단되고 맙니다.

또한, 출판인은 저술가와 유사한 측면이 있지만 다릅니다. 출판인이 빵을 만들어내는 요리사라면 저술가는 그 빵의 재료가 되는 밀을 경작해서 가지고 온 농부에 해당됩니다. 요리사가 아름답고 맛있는 빵을 만들기 위해서는 우선 밀가루의 양과 질이 적당한지 살펴야 하고, 상한 부분이 있다면 빼내야 할 것입니다. 출판인도 저자의 원고를 분석 · 평가한 다음 출판 여부를 결정하고, 잘못된 내용은 빼내야 할 것입니다.

오늘날 레스토랑에서 파는 음식물은 영양과 맛이 있어야 함은 물론 모양이 좋아야 한다고 합니다. 그러면 그 음식을 먹으며 가족, 친구, 연인 간에 즐거운 대화가 이어질 것입니다. 그런데 인스턴트 음식이 판치고 있습니다. 그 맛에 어린이들이 길들여지고 다른 맛은 싫어지는 것이지요. 그리고 싸구려 불량 식품들도 나돌고 있습니다.

책도 마찬가지입니다. 오늘날 서점에서 파는 책도 지식이나 정신의 영양을 채워줄 내용이 있어야 함은 물론 좋은 음식처럼 맛과 재미를 느끼게 해야 하고 보기 좋아야 한다고 합니다. '읽는 책'에서 '보는 책'으로의 전환은 이미 1990년대에 시작되어 지금은 당연한 것으로 굳어졌지요. 어린이 책은 물론 성인용, 심지어 학술 도서까지도 사진이나 그림 자료가 많이 들어간 것을 선호하고 있습니다. 또한 책을 읽으며 가족, 친구, 연인 간에 보람되고 유익한 대화가 가능해집니다. 그런데, 책은 이에 덧붙여 자신과의 깊이 있는 대화 곧 내면의 목소리와 대화를 나누게 해준다는 것이 특징일 것입니다.

지금 도서 시장도 음식물에서 인스턴트식품이 판치듯이, 포장술로만 감싸고 순간적인 재미를 노리는 책들이 너무 많이 나오고 있습니다. 특히, 아동 도서나 학습 만화에서 그런 경향이 두드러집니다. 싸구려 불량 식품을 팔듯이, 엉터리 덤핑 서적들도 버젓이 대로상에서 팔리고 있습니다. 책이 엉터리라고 할 때는 주로 내용 면에서 이야기하는 것이지만, 남의 글이나 책을 제멋대로 모방 · 표절하는 경우도 해당됩니다.

출판인이 저자의 원고를 선별하여 독자에게 전해주듯이, 이제는 소비자인 독자들도 출간된 책들을 선별해야 하는 임무를 맡아야 합니다. 자본주의 사회의 속성상 출판사에서는 원고를 고르는 기준이 상업성에 치중할 수밖에 없게 됩니다. 팔리지 않을 책만을 내다가는 그 출판사는 문을 닫게 되기 때문이지요. 이것은 확고하게 존립 기반을 다진 출판사들도 마찬가지입니다. 이런 출판사들도 규모가 더 커지고 매출이 늘어나지 않으면 위험하다고 생각하기 때문에, 오히려 전보다 더 상업성에 매달리게 됩니다. 그래서 큰 출판사일수록 상업성에 집착하는 강도가 높아지게 되는데, 이것이 때로는 전체 도서 시장을 혼탁한 경쟁 속으로 빠져들게 하는 요인이 됩니다.

어린이나 학부모 또는 어도연과 같은 시민 단체에서 벌이는 좋은 책 선정은 오늘과 같이 오염된 풍토에서 매우 긴요한 일입니다.

이것은 책의 본질을 살려내는 일이기도 합니다. 원래 책이란 말이 문자로 변형되어 쓰인 것입니다. 원래의 '말'이란 성경에서 "태초에 '말'(로고스, 말씀)이 있었다. 이 '말'이 하나님과 함께 있었으니 이 '말'이 곧 하나님이다."고 할 때의 그 '말'입니다. 말하자면 책은 거룩한 말씀이 쓰인 것이라는 의미입니다.

3-2 한국의 출판 유통 시스템

이제 한 권의 책이 독자 손에 들어가는 과정을 살펴봅시다. 책을 발간하려면 원고가 있어야 하는데, 원고를 얻는 방법은 두 가지입니다. 하나는 출판사에서 기획하여 필자에게 의뢰하거나 직접 쓰는 방법입니다. 다른 하나는 필자가 출판사에 보내온 원고 중에서 선별하는 방법입니다. 다음 단계로 원고에 대한 편집과 교정 작업을 하고 인쇄소에 맡겨 인쇄하게 합니다. 그리고 인쇄물을 다시 제책사에 넘겨 제작의 마지막 단계인 제본이 이루어지게 합니다. 완성된 책은 위탁 또는 매절 방식으로 서적상에 넘깁니다.

위탁이란 서점에 책을 넘겨준 다음 일정 기간이 지난 후에 팔린 책값은 지불하고 안 팔린 책은 출판사에 다시 반송시키는 방식입니다. 매절은 서점이 책값을 미리 주고 사는 방식입니다. 대부분의 거래는 위탁 거래 방식으로 이루어지고 있습니다. 서점에서 잘 팔릴 것으로 예상되는 책에 대해서는 매절을 하기도 하는데, 그 대신 마진 폭을 크게 요구합니다. 서점 판매 마진 폭이 책 한 권에 정가의

30%가 보통인데, 40~50%를 요구하는 것이지요. 주로 대형 서점에서 많이 하는데, 그렇게 구입한 책들은 매장의 이곳저곳에 눈에 잘 띄게 쌓아 두어 판촉을 벌입니다.

한국에서 서적 판매는 그 경로가 다양합니다. 출판 유통 시스템이 아직 체계 있게 이루어지지 않아 복잡한 편입니다. 몇 가지만 예를 들어보겠습니다.

① 출판사 → 도매상 → 소매상 → 독자
② 출판사 → 한국출판협동조합 → 지방 공급소 → 지방협동서점 → 독자
출판사 → 한국출판협동조합 → 서울협동서점 → 독자
③ 출판사 → 서울총판 → 소매상 → 독자
출판사 → 지방총판 → 지방 소매상 → 독자
④ 출판사 → 소매상 → 독자
⑤ 출판사 → 서울 소매상 → 독자
출판사 → 지방 도매상 → 지방 소매상 → 독자
⑥ 출판사 → 직접 외판 → 독자
출판사 → 전문 외판사 → 독자
⑦ 출판사 → 출판사 직매점 → 독자

① 경로 : 가장 대표적인 방식입니다.

일본에서는 서적 도매를 담당하는 대형 출판 유통 기구 두 곳(동경출판판매주식회사, 일본출판판매주식회사)이 있어 이 방식이 주를 이룬다고 합니다. 이것이 출판 유통의 현대화에 유리한 방식이

어서 많이 선호합니다. 그러나 대형 출판 유통 기구에서 받아주지 않는 책은 서점에 진열되기도 어려우니 이것이 출판 자유의 제약이 아니냐는 지적도 나오고 있지요.

한국에도 대형 서적 도매상으로 북센, 송인서적, 한성서림 등이 있지만, 이 방식은 주도적인 방식으로 자리 잡지 못하고 있습니다.

② 경로 : 출판협동조합에 가입된 출판사의 단일 판매 경로입니다. 출판사에서 나온 책을 조합에 맡기면 조합에서 일괄적으로 보관, 배송, 판매, 수금을 담당해줍니다.

③ 경로 : 특정 도서에 대하여 일괄 판매하는 시스템입니다.

④ 경로 : 출판사가 도매상을 거치지 않고 직접 소매 서적상으로 책을 보내는 방식입니다. ① 경로의 방식을 병행하기도 하는데, 어느 정도 규모가 있는 대부분의 출판사들이 쓰는 방식입니다. 소매 서적상은 전국에 걸쳐 있기 때문에 전국적인 영업 활동을 벌여야 합니다. 이렇게 되면 책의 기획이나 원고 선택보다는 영업 능력이 출판사의 경영을 좌우하게 됩니다. 한국식 전근대적 유통 시스템이라 할 수 있습니다.

⑤ 경로 : 이것은 ④ 경로의 변형인데, 지방은 도매상에게 의뢰하는 것입니다.

⑥ 경로 : 외판은 외교 방문 판매의 줄임말로서 가가호호 방문하며 파는 방식입니다. 대형 전집물을 취급하니까 주로 할부 판매를 하게 됩니다. 1950년대 후반 전집물이 크게 성공하게 되면서 활발해진 방식입니다. 당시는 전쟁 후의 극심한 침체기였기 때문에, 출판사에서 서점에 책을 위탁으로 넘겨주었지만, 수금이 제대로 되

지 않았습니다. 이때 출판사들이 자구책으로 대형 기획물을 만들어 스스로 판매에 나서게 된 데에서 시작된 방식입니다. 1960년대와 1970년대 전반기까지 성행했지요. 그리고 일부 출판사들을 기업화시켜준 공로도 있습니다. 그러나 전집이 잘된다는 소문이 나자 너도나도 뛰어들면서 중복 출판, 베껴 쓰기, 외판 업체간 과당 경쟁 등 부작용이 심해졌습니다. 당시는 저작권 제도가 지금처럼 확립되지 않은 때라 그 폐해가 더욱 컸습니다. 또한 단행본 출판이 위축되고 독자들이 서점을 외면하게 만들었지요. 그러나 1970년대 한글세대가 등장하면서 독서 인구가 늘어나고 책을 한 권 한 권 직접 살펴보고 사는 분위기가 형성되면서 외판 시장은 위축되기 시작했습니다.

물론 아직도 외판 방식은 일부 출판사에서 활발히 하고 있습니다. 전집 출판사들이 사회적으로 널리 알려지지는 않고 있지만, 매출 규모는 아직도 단행본 출판사들보다 훨씬 크다고 합니다. 그런데 최근에는 외판에 교육(과외 교사) 기능을 더한 학습지 판매 방식이 큰 붐을 이루고 있습니다. 그 시장 규모도 어마어마한데, 매출액이 제일 많은 출판사는 연간 1조 원을 헤아리고 있습니다. 그 외에 연간 1천억 원이 넘는 매출액을 올리는 출판사도 여럿 있습니다.

외판 방식은 그 뿌리가 깊습니다. 조선 시대 서점이 없던 시기에도 '책거간'이라 하여 서적 외판원이 있었습니다. 역관들이 중국에서 몰래 들여온 서적들을 들고 다니며 팔았지요. 이때 정부에서 금했던 패관소설류나 잡가들의 책들도 많이 보급했다고 합니다.

⑦ 경로 : 출판사에서 직접 자사의 책들을 파는 서점을 운영하는 방식입니다.

한국은 양서협동조합이 창립되던 시기인 1970년대 후반 이후 출판 산업이 크게 확장되었고, 1980년대에는 신간 발행 종수에서 2만 종을 넘어서게 됨으로써 양적으로는 세계 10위권에 들어가는 출판 대국에 속하게 되었습니다. 2000년대부터는 중국, 브라질, 인도 등 신흥 산업화 국가들의 등장으로 그 순위가 다소 밀리고는 있지만, 아직도 세계 상위권입니다.

문제는 신간 발행 종수가 1990년대에 3만 종을 넘어선 이후 정체 현상을 보이고 있다는 점입니다. 2008년 현재까지 4만 종대를 넘지 못하고 있습니다. 이것은 같은 동아시아인 중국과 일본의 출판 발전과 크게 대비되는 현상입니다. 중국은 2000년대 이후 경제 성장과 함께 출판 산업도 비약적으로 성장하여 2002년 10만 종대에 들어섰고, 2007년 이미 13만 종을 넘어서서 양적인 면에서는 한국과 비교가 되지 않고 있습니다. 일본도 장기간의 경기 침체 속에서 출판 불황에 대한 우려의 목소리가 계속 나오는 중에도 신간 발행 종수는 꾸준히 증가하여 2002년에 이미 7만 종을 넘어서서, 한국과 그 격차가 점점 더 벌어지고 있습니다. 지금과 같은 추세라면, 한국의 출판 역량은 동아시아 삼국 중에서 가장 뒤떨어지는 문화 후진국이 될지 모릅니다(한국출판연구소, 2006).

그런데, 더 심각한 문제는 질적인 데에 있습니다. 2008년 통계를 보면, 전체 신간 발행 종수 중에서 학습 참고서와 만화가 차지하는 비중이 매우 높게 나와 있습니다. 발행 종수에서는 20%, 발행 부수에서는 29%를 차지하고 있음을 알 수 있습니다.

아동 도서의 비중 역시 매우 높습니다. 출판이 불황이라고 해도 어린이 책 시장은 가능성이 크다고 생각하여 많은 출판인들이 뛰어들고 있어 그 비중은 매우 높게 나타납니다. 2008년 발행 종수에서 20%, 발행 부수에서 25%나 됩니다.

학습 참고서나 만화, 아동 도서 분야는 대부분 어린이를 위한 서적이라고 할 때, 이 세 분야를 합칠 경우, 발행 종수에서 39%, 발행 부수에서 54%가 됩니다. 성인 출판 시장은 상대적으로 매우 미흡하다는 것을 알 수 있습니다. 이것은 독서 실태에서도 같은 맥락에 있음을 보여줍니다.

독서 실태는 잠시 후에 살피기로 하고, 출판사의 수에 대하여 알아봅시다.

우리나라 출판사 수는 인구 대비 세계에서 제일 많습니다. 2006년 2만 7천 개사를 넘어섰고, 2007년에는 2만 9,977개사로 나와 있습니다. 이러한 수치는 일본이 4천 개사가 약간 넘고, 중국이 500개사가 조금 넘는 것과 비교할 때, 크게 차이가 납니다. 그러나 한국의 실적 있는 출판사만 비교하게 되면 2007년 2,771개사로서 아직 3천 개사가 안 되는 것으로 나와 있습니다. 이러한 출판사들의 난립은 출판의 영세성을 보여주고 과당 경쟁을 드러내는 것으로 비판받고 있습니다. 합당한 비판이지요. 그러나 이렇게 출판사 수가 많은 것은 책을 내고 싶어 하는 문화 선호 사상의 발현으로 볼 수도 있을 겁니다(부길만, 2009). 이것은 우리 국민의 특이한 교육열과도 통하는 현상입니다. 문화 선호 사상과 교육열은 그 자체로는 매우 의미 있고 중요한 일이지만, 건전한 독서 열기가 수반되지 않을 때, 한국 사회와 우리 문화를 그릇된 방향으로 이끌 수 있습니다. 그 해결을 학교와 가정에만 맡겨 두어서는 뚜렷한 대안을 찾기 어려울 것입니다.

이런 점에서 어도연과 같은 시민 단체의 역할에 새삼 기대를 하게 됩니다. 국제통계연감(2008년)에 의하면, 한국의 대학 교육 비율은 91%로서 OECD 국가 중에서도 그리스(95%)와 핀란드(93%)에 이어 3위를 기록할 정도로 매우 높습니다. 대중 독자층 형성의 기본 여건은 국가적으로 갖추어진 셈입니다. 또한, 국민의 교육열이 매우 높기 때문에 독서 열기로 전환될 경우 엄청난 수요가 창출되어 한국 출판은 크게 발전할 수 있을 것입니다.

그런데, 현재 출판사는 극심한 양극화 현상을 보이고 있습니다. 1년에 100종이 넘는 책을 발간하는 출판사는 70여 개 사에 불과합니다. 말하자면 기업다운 출판사를 운영하는 곳이 그만큼 적다는 의미가 됩니다. 반면에 1년에 10종 이하의 책을 내는 곳은 1,500여 개사에 이릅니다. 이들 중에는 1인 출판사도 많이 있습니다. 기획, 편집, 제작, 영업, 관리 등의 업무를 혼자 다하는 것이지요. 물론 주로 외주에 많이 의존하고 있습니다. 그래도 이들 중에는 나름의 독특한 개성을 살려 운영하는 출판사도 상당수 있습니다. 그러나 실적이나 매출 분야에서는 대규모 출판사와 비교가 안 되겠지요. 광고를 할 형편도 못 됩니다. 따라서 현재 소규모 출판사들은 설 자리를 잃어가고 있습니다.

반대로 대규모 출판사들은 점점 더 비대해지고 있으며 발행 실적은 물론 매출 면에서도 계속 신장되고 있습니다. 이들 출판사에서 불황은 엄살입니다. 자본 규모와 명성에서 대기업 수준인 일부 출판사는 임프린트 제도를 두어, 그 몸집을 더욱 키우고 있습니다. 여기에서 출판의 양극화는 갈수록 심해지고 있습니다.

이러한 양극화는 서점에서도 마찬가지입니다. 동네 서점은 갈수록 줄어들고 있는 반면에, 대형 서점은 그 체인점 수를 점차 늘여가고 있습니다. 대형 서점은 팔릴 책을 계속해서 매절로 사들여 더 커진 마진 폭을 이용하여 이윤 추구를 극대화시킬 수 있게 됩니다. 더욱이 베스트셀러의 공표와 매장 진열을 통하여 그것을 쉽게 이룰 수 있습니다.

여기에서 문제는 문화의 다양성이 위축되고 동네 서점을 통한 독서의 생활화가 점점 더 멀어지게 된다는 점입니다.

3-3 출판의 국제화

다음은 우리 출판의 국제화에 대하여 살펴봅시다. 한국 출판의 국제화는 전적으로 수입에 의존하고 있습니다. 해외 수출은 연간 500종을 넘지 못하고 있지만, 번역 도서 출판은 연간 1만 종을 넘어섰습니다. 전체 도서 발행 종수에서 번역 도서가 차지하는 비율도 30%를 헤아립니다. 이것은 중국이나 일본이 10% 이하, 미국이 5%에 머무는 것과 큰 차이가 나는 현상입니다(한국출판연구소, 2006). 최근 종합 베스트셀러에서도 번역서가 절반 이상을 차지하고 있습니다. 한국의 일부 출판사들은 외국 베스트셀러를 번역 출판하기 위하여 선 인세를 수천만 원 아니 억대의 거금을 지불하기를 두려워하지 않습니다. 가장 대표적인 사례인데, 올해 무라카미

하루키의 소설 〈1Q84〉를 1억 엔(우리 돈 약 13억 원)이나 주고 저작권을 구입했다고 합니다. 5천 년 전통의 문화 민족이요 세계 최초의 금속 활자 발명국이라고 하면서 우리가 파는 출판물은 별로 없습니다. 국가적으로 보면, 자동차, 텔레비전, 선박 등을 만들어서 벌어들인 돈으로 서적, 영화 등 외국 문화를 열심히 사주고 있는 셈입니다.

미국과 FTA 협상을 벌이면서 우리는 저작권 시한을 사후 50년에서 사후 70년으로 연장하는 쪽으로 합의해주었습니다. 외국은 이처럼 저작권 수출, 곧 문화 수출에 지대한 공을 들입니다. 그것이 자동차 수백 대 사주는 것보다 훨씬 유리하기 때문입니다. 문화는 원소스멀티유즈라고 해서 소설책이 하나 나오면, 드라마와 영화가 되고, 캐릭터 산업이 되고, 다시 온갖 일상용품의 디자인 심벌로 활용되어 이중 삼중으로 수입을 올리게 됩니다. 우리는 지금 이 모든 문화의 수입국인 것입니다.

그래도 최근 일부 뜻있는 출판사와 저작권 에이전시들이 아시아 지역을 중심으로 수출에 힘을 쏟은 결과 성과가 나오기 시작하고 있습니다. 특히, 어린이 책에서 그 성과가 두드러집니다. 올해 출판 학술 세미나 일로 베트남에 가서 그곳 출판사를 방문하고 독일 그림책을 베트남어로 번역 출판한 것을 보았습니다. 그런데, 그 독일어 원서 그림책의 일러스트레이션이나 편집 수준이 국내 그림책보다 못하다는 인상을 받았습니다. 우리가 한국의 우수 도서들을 외국에 알리지 못하기 때문에 다른 나라의 책들만 소개되고 있는 것입니다. 외국에서 우리 책을 수출하려는 사람들이 이구동성으로 하는 이야기입니다. 이제 시야를 국제 무대로 돌리고 문화 민족으로서의 저력을 되살려내야 할 것입니다.

3-4 한국인의 독서 실태

해마다 한국출판연구소가 주축이 되어 한국인의 독서 실태를 조사하고 있는데, 2008년 조사 총괄 책임을 맡았던 백원근(2009)의 분석을 소개합니다.

학생들의 학기당 도서 구입량은 초등학생은 1999년 2.9권에서 2008년 5.8권으로 증가한 데 비하여, 중고생은 큰 변화 없이 각각 2.8권, 1.9권을 구입하는 데 그쳤습니다. 초중고 학생들의 응답에 의하면, 학교에서 교사들의 독서 권장률이 50%도 안 되고, 가정에서도 책과 관련된 대화를 하지 않는다는 성인의 비율이 61%로 나와 있어, 독서에 대한 인식이 매우 미흡함을 알 수 있습니다.

성인 10명 중 4명 정도가 매달 책 한 권이라도 구입하는 것으로 조사되었습니다. 성인의 월 평균 도서 구입비는 9,600원으로 나와 있는데, 이것은 응답자의 약 10%가 3만 원 이상 구입하여 전체 평균을 끌어올린 것이기 때문에, 독서량 및 도서 구입비에서 양극화 현상이 갈수록 심화되고 있는 것으로 보입니다.

책을 구입할 때 독자들이 '주로 이용하는 서점'의 비율은 시내 대형 서점 28%, 동네 소형 서점 13%, 인터넷 서점 10%, 직장/학교 근처 서점 7%, 대형 할인점 5% 순으로 나옵니다. 이것은 1999년에 동네 서점을 주로 이용한다고 하던 응답자가 30%였던 것이

13%로 크게 줄어들었고, 반면에 인터넷 서점 이용이 크게 늘어났습니다. 이것은 구매 편의성과 할인에 의한 고객 흡인력에 따른 것으로, 도서정가제의 부실한 실시가 중소 서점의 침체를 가속화시켰음을 보여줍니다.

오늘날 아동 도서의 출판과 아동의 독서는 상대적으로 양호한 것으로 나옵니다. 그러나 이것이 중고교 학생에서 성인으로 갈수록 열악해져 갑니다. 이번 독서 실태조사에서도 초중고 학생의 경우 학교 급이 올라갈수록 가족의 추천 비중이 줄고, 친구 추천 및 베스트셀러 목록이 주요 정보원인 것으로 조사되었다고 합니다. 이것은 공교육과 사회의 좋은 책 추천 기능보다는 베스트셀러의 영향력에 그대로 노출되고 있는 학생들의 독서 환경을 말해줍니다.

이제 아동 독서의 문제도 독서 습관을 확고히 하여 어른이 되어서도 계속 유지 · 발전시킬 수 있는 방향을 찾아야 하겠습니다.

3-5 독서 진흥 정책

현재 우리나라에는 독서문화진흥법이 있습니다. 2006년 12월 28일 제정되고 2009년 3월 5일 개정되어 현재 시행되고 있습니다. 개정에서는 애초에 있던 독서진흥위원회가 정부위원회 정비 계획에 따라 폐지되었습니다. 이 법은 지역 · 학교 · 직장의 독서 진흥을 위한 국가와 지방 자치 단체의 역할 및 이를 위한 행정적 · 재정적 지원을 의무로 규정하고 있습니다. 이 법에 따라 문화체육관광부 장관은 5년마다 독서 문화 진흥 정책의 기본 방향과 목표, 독서 문화

진흥을 위한 시설 개선과 독서 자료 확보, 독서 소외 계층의 독서 환경 개선 등에 관한 사항이 포함된 기본 계획을 수립하여야 하며, 문화체육관광부 장관과 관련 중앙행정기관의 장, 각 시 · 도지사는 기본 계획에 따라 연도별 시행 계획을 수립 · 시행해 나가야 한다고 되어 있습니다.

정부는 독서문화진흥법에 의한 최초의 '독서 문화 진흥 기본 계획'을 2008년 6월 10일 발표했습니다. 추진 정책의 골자는 ①지역, 가정, 학교, 직장 등에서의 독서 환경 조성 및 우수 도서 출판 · 유통 여건 조성, ②독자 대상별 독서 교육과 '생애 주기별 맞춤형 독서 프로그램' 실시, 독서 정보 DB 구축, 독서 모임 활성화와 같은 독서 생활화 지원, ③'독서 장애인'을 위한 독서 자료 보급, 노인 · 병영 · 교도소 · 복지시설 등 소외 계층의 독서 활동 지원, ④책과 관련된 다양한 기념일과 매체의 활용, 해외 성공 사례의 벤치마킹과 같은 독서 운동 전개 등입니다. 이 계획에 의거해 관련 정부 중앙 행정기관 및 지방 자치 단체는 매년 시행 계획을 수립 · 시행하도록 한 것입니다.

또한 2009년 6월에는 동법 및 5년 단위 기본 계획에 의거한 〈2009년 독서 문화 진흥 시행 계획〉이 수립되어 문화체육관광부와 독서 관련 기관(교육과학기술부, 법무부, 국방부 및 16개 광역 지자체)에 의해 본격적인 독서 진흥 정책이 추진되고 있습니다.

이 계획에서 특히 중요한 것은 시 · 도 교육청 및 지방 자치 단체 차원에서의 독서 진흥 정책이 효율적으로 시행되도록 하게 하는 일입니다. 문화체육관광부에서 내놓은 시행 계획에서 대구광역시 교육청의 '북모닝대구'(북스타트 운동, 아침 독서 10분 운동, 삶 쓰기 100자 운동 등)의 사례, 안양시와 김해시의 독서 진흥 정책 실시 사례 등을 두드러지게 제시하고 있습니다.

안양시는 관내 도서관을 중심으로 각종 독서 문화 사업을 전개하고 있고, 김해시의 경우는 평생학습 차원에서 지역 사회의 특성에 맞는 각종 독서 문화 사업(예를 들면 다문화 가정의 독서 활동 지원 또는 지역 기업 CEO를 위한 인문학 특강을 마련하는 등의 사업)을 펼치고 있다고 합니다.

이처럼 잘 하고 있는 사례를 최대한 알려서 다른 지역이나 기관으로 확산시켜 나가야 할 것입니다.

그러나 독서 진흥을 위한 제도적 뒷받침은 아직 되어 있지 않습니다. 지방 자치 단체 차원에서 독서 진흥 정책을 추진하려면 우선 지방 의회에서 관련 조례를 제정해야 합니다. 최근 조사에 의하면, 독서 진흥 조례를 만든 곳은 광역 자치 단체 중에서 서울시뿐이었습니다. 서울시는 전국 최초로 〈도서관 및 독서 문화 진흥 조례〉를 2008년 11월 3일 제정하여 11월 13일부터 시행중입니다. 그러나 그 내용은 '기본 계획'의 추진 방안에서 제시된 것과는 판이하게 과거의 〈도서관및독서진흥법〉과 같은 방식으로 도서관 관련 규정에만 치중해 있습니다.

표 1 전국 광역 자치 단체 독서 진흥 조례 제정 현황

(2009. 8. 20 현재)

자치 단체명	관련 조례명	독서 진흥 조례 제정 여부
서울특별시	도서관 및 독서 문화 진흥 조례(2008.11.13 제정)	○
부산광역시	도서관정보서비스위원회 등에 관한 조례	×
대구광역시	대표 도서관 및 도서관정보서비스위원회 운영 조례 ('도서관 및 독서 진흥 조례' 폐지)	×
인천광역시	공공 도서관 육성과 운영에 관한 조례	×
광주광역시	도서관 진흥 및 대표 도서관 설치 등에 관한 조례	×
대전광역시	도서관정보서비스위원회 운영에 관한 조례	×
울산광역시	–	×
경기도	도서관 육성 및 대표 도서관 설치 · 운영 조례 ('도서관 육성 및 독서 진흥위원회 조례' 폐지)	×
강원도	–	×
충청북도	–	×
충청남도	–	×
전라북도	대표 도서관 설치 및 운영 등에 관한 조례	×
전라남도	–	×
경상북도	–	×
경상남도	–	×
제주특별자치도	도서관 진흥 및 대표 도서관 설립 등에 관한 조례	×

자료 : 행정안전부 자치법규정보시스템(ELIS) 및 각 지자체 홈페이지.

선진 외국에서도 최근 독서 진흥 정책을 매우 활발하게 전개하고 있습니다. 책읽는사회문화재단의 사무처장 안찬수(2009)는 영국과 일본의 사례를 이렇게 소개합니다.

영국의 경우 1998~99년을 국민 독서의 해로 정한 바 있는데, 10

년 후인 2008년을 다시 국민 독서의 해로 정하고 각종 캠페인과 조직 활동을 전개한 바 있습니다. 일본의 경우는 국회(중의원과 참의원)에서 2010년을 국민 독서의 해로 정하기로 결의했습니다. 이런 움직임을 주도하고 있는 재단법인 문자활자문화추진기구의 히다 미요코 전 의원은 2009년 5월 서울국제도서전을 계기로 한국을 방문하였을 때, 전 인류적 차원에서 '어린이 독서의 해'를 추진하는 유엔의 결의를 이끌어내는 데 한국의 동참을 호소하기도 하였습니다.

3-6 독서 운동의 방향

이제 독서 운동에 대하여 생각해 볼 차례입니다.

이상의 논의를 바탕으로 저는 독서 운동의 방향에서 생각할 거리를 몇 가지 제시해볼까 합니다.

첫째, 독서진흥법이 제정되고 다양한 독서 운동이 벌어지고 있는 현재, 어도연은 독서 운동 모범 사례를 만들어서 제시해 주고 널리 퍼지게 해야겠습니다.

둘째, 전국 도서관의 활성화입니다. 특히 지역 도서관들이 각 동네와 마을마다 들어설 수 있도록 사회 분위기와 여론을 조성해야 합니다.

셋째, 출판 실태 및 독서 운동 실태에 대한 조사 연구 사업에도 관심을 기울였으면 합니다. 지금 어린이 책과 어린이 독서에 대해서는 상업적 접근은 많지만, 건전한 독서 진흥을 위한 운동은 상대적으로 적은 편이고, 아직까지 산발적으로 흩어져 있는 실정입니다. 어린이 도서 시장에 대한 비판적 조사 연구와 대안 제시가 필요한 시점입니다. 이것은 독서 진흥 정책의 중요한 자료로 활용될 수 있습니다.

넷째, 독서 진흥을 모범적으로 벌이는 지방 자치 단체나 기관의 활동을 적극 알리고, 미흡한 지방 자치 단체의 독서 진흥 활동도 북돋아 줄 수 있도록 시민 단체로서 영향력을 행사해야 합니다. 독서 진흥 정책을 효과적으로 실천하고 지방 문화를 키워내는 지방 자치 단체가 될 수 있도록 유도해야 하는 것입니다. 그것은 시민 단체 회원들이 곧 유권자이기 때문에 가능한 일이고 해야 하는 과제입니다.

■ 참고문헌

한국출판연구소(2006). 〈출판 지식 산업 관련 통계 조사 분석〉, 문화관광부.

부길만(2009). "한국 출판 산업의 진단 및 출판 진흥 정책의 방향", 한국문화관광연구원 주최 〈출판 기구 설립에 관한 공청회〉 자료집.

백원근(2009). "국민 독서 실태 조사'로 본 한국 출판 시장의 현주소", 〈출판문화〉 2009년 8월호.

한국출판연구소(2008). 〈2008년 국민 독서 실태 조사〉, 문화체육관광부.

안찬수(2009). "독서 문화 진흥 정책에 대한 몇 가지 제언", 〈2009 출판문화 포럼〉 자료(미간행), 문화체육관광부 출판인쇄산업과.

제7장

국제 출판 교류의 메시지

1. 새롭게 변화하는 러시아를 가다
2. 독일 통일 과정에서 배우는 교훈
3. 한국 · 베트남 출판 학술 교류 및 베트남 출판 현장의 단상
4. 중국의 책과 출판, 서점과 도서관
5. 한국 · 타이완 출판 교류의 의의

1 새롭게 변화하는 러시아를 가다*

이번 여름 방학에는 7월 25일에서 8월 1일 사이에 출판 학술 세미나 관계로 러시아를 다녀왔다. 짧은 기간이었지만, 모스크바와 상트페테르부르크를 직접 보고 나니, 그동안 우리들이 러시아에 대하여 가졌던 선입견이 참으로 단견이었음을 몇 가지 점에서 느끼게 되었다.

우선, 대부분 사람들은 러시아가 치안이 불안하고 삭막한 나라라고 인식하고 있다. 이 점은 최근에도 러시아 남부 북오세티야에서 일어난 인질 사건에 대한 보도를 통하여 우리에게 더 깊이 각인되었으리라 생각된다. 하긴 우리 일행이 여행 중에도 가이드가 '따로 다니거나 밤거리를 걷지 말라.'고 여러 차례 강조하는 것을 들었다. 그러나 우리가 만나본 러시아 사람들, 출판사나 학계의 관계자, 도서관 책임자들, 식당의 종업원들, 거리의 시민들 모두 표정이 무뚝뚝하기는 하였으나 선한 눈빛의 사람들이라는 인상을 받았다. 이러한 인상과 함께 모스크바 시내 곳곳이 건물 사이사이로 온통 나무

* 2004년 7월 25일 범우출판문화재단과 국립모스크바출판대학교 공동 주최로 모스크바출판대학교 세미나실에서 열린 한 · 러 출판 학술 교류 세미나(주제 : 출판 연구와 출판 교육) 및 러시아 출판 산업계 시찰 후 쓴 여행기임. 범우출판문화재단 엮음, 〈제1회 해외 출판 학술 탐사 보고서 : 러시아 출판 산업 혁신의 성과와 전망〉, 범우사, 2007년에 수록.

숲으로 둘러싸여 있어, 공해에 찌든 도시의 이방인들에게는 의외로 포근한 마을에 온 듯이 느껴졌다. 아직도 부정부패가 심하고 마피아가 세력을 갖고 있지만, 거리 치안은 많이 좋아졌다는 설명을 현지 한국인들로부터 들을 수 있었다.

우리에게 러시아는 사회주의권의 군사 강국이고 '철의 장막'으로 대변되는 이미지가 강하게 있는데, 막상 도시를 돌아다녀 보니 거리에서 가장 자주 눈에 띄는 것은 문인 · 예술가들의 동상이었다. 주로 군인이나 정치가들의 동상이 세워져 있는 한국과는 매우 대조적이어서 우리들의 문화적 자부심에 혼란이 생길 정도였다. 시내 도처에서 고골리, 푸슈킨, 톨스토이, 도스토예프스키 등의 동상을 쉽게 볼 수 있었고, 이들을 기리는 박물관이나 기념관이 관광객들의 발길을 끌었다. 또한, 러시아 시민들이 기리는 위인들의 공동묘지를 가 보아도 발레리나, 음악가, 문인 등의 산소를 아담하고 아름답게 꾸며 놓은 것이 대부분이었다.

가이드 설명을 들으니, 러시안 시민들은 현재는 물론이고 1990년대 초반 소련의 붕괴 직후 경제적으로 어려운 시기에도 공연이나 예술 관람을 놓치지 않았다고 한다. 말하자면, 전체 국민이 고급 문화를 향유하는 사회적 분위기가 전통이 되어 이어지고 있다는 인상을 받았다. 종교나 부르주아지의 사치를 인정하지 않는 공산주의 정권에서도 러시아의 사원이나 궁궐은 그대로 보존되어 오늘도 수많은 관광객들을 불러들이고 있다. 심지어 현직 대통령이 집무중인 크렘린궁까지도 관광지로 개방하고 있어 뜻밖이었다. 또 한 가지 특이한 경험은 상트페테르부르크의 여름궁전을 구경하러 들어가는 입구에서 애국가와 아리랑을 트럼펫으로 연주하는 거리의 악사들을 만난 일이다. 멀리서 한국인들인 것을 용케 알아맞히고 우리 노래를 들려주니, 이들의 문화 감각이 돈벌이 관광에서도 실력을 발휘한 셈이다.

대부분의 한국인은 러시아가 경제적으로 매우 낙후되어 있고 경직된 나라일 것으로 생각한다. 물론, 아직 러시아는 부정부패가 심하고 마피아가 세력을 갖고 있어 서구의 합리적인 자본주의 경제 체제와 비교할 때 뒤처져 있고 1인당 국민 소득도 4천 달러에 불과하지만, 그 경제적 활력은 대단하다는 느낌을 받았다. 1991년 소련 붕괴 이후 자본주의 경제 체제가 시작되었다고 볼 수 있기 때문에, 러시아는 겨우 십여 년의 자본주의 역사를 갖고 있는 셈이다. 그 때문인지 아직도 관료 사회는 부패가 심하고 경직되어 있어 개혁이 강조되고 있지만, 개인 기업, 사립 학교 등 민간 부문을 떠맡은 사람들은 오늘의 한국보다 훨씬 더 활기에 차 있다는 인상을 받았다.

최근 세계 경제계는 '브릭스(BRICs)'라 하여 '브라질, 러시아, 인도, 차이나(중국)'가 신흥 경제 강국으로 떠오르고 있다고 하는데, 러시아의 새로운 모습을 여행 중에 충분히 감지할 수 있었다. 더욱이 현대는 정보화의 시대요 문화를 매개로 경제가 이루어진다고 할진대, 문화적 전통이 강한 러시아, 인도, 중국 등이 세계 경제계에서 큰 힘을 발휘할 것은 자명한 일일 수 있겠다. 그렇다면, 충분한 문화적 전통이 있건만, 지금까지 제대로 살려내지 못한 우리는 문화적으로뿐만 아니라 경제적으로도 어려움에 처해지지 않을까 하는 우려를 하게 되었다.

끝으로, 이번 여행을 통하여 러시아 출판계의 활력을 느낄 수 있었다. 이번 한·러 출판 학술 교류는 최초로 이루어진 것인 바, 그만큼 러시아 출판계 자체에 대한 소개도 한국에는 되어 있지 않다. 이번에 러시아 문화부의 출판 담당 국장, 모스크바출판대학교 총장과 교수들, 출판사 편집장, 레닌도서관 국제 교류 담당자, 서평전문신문 편집국장, 모스크바서점 사장 겸 서적보급자협회 회장 등을 만나 대화하고 관련 기관을 답사하면서 새롭게 부상하는 러시아 출판계의 현주소를 확연히 느낄 수 있었다. 러시아 출판계는 현재 유통 체계가 제대로 되어 있지 않지만, 민간 출판사와 인쇄소가 증가일로에 있고, 연간 8만 종의 발행 종수를 자랑하고 있으며, 대도시의 인쇄 출판 대학 육성을 통하여 출판 인력 양성에 총력을 기울이고 있는 사실을 알게 되었다. 소련 붕괴 이후 검열이 사라진 자유로운 출판 풍토에서 민간인의 적극적인 기획과 마케팅, 그리고 전통적으로 탄탄한 독자층의 확보에 힘입어 러시아 출판은 향후 크게 발전할 것이라는 그들의 기대와 자부심이 자연스럽게 수긍되었다.

필자는 이번 여행을 통하여 러시아를 새롭게 보게 되었으며, 진심으로 재방문을 바라는 러시아인을 사귈 수 있었다는 점에 큰 의미를 두고 싶다.

2 독일 통일 과정에서 배우는 교훈*

베를린 자유대학 콘퍼런스 홀에서 열렸던 한독 출판 정책 개발 세미나는 참으로 인상적이었다. 세미나에서는 서독 출신의 학자가 주제 발표를 한 데 이어, 동독 출신의 학자와 한국인 교수들이 토론자로 나와 진지한 토론을 벌였다. 특히, 동독과 서독이라는 서로 다른 입장을 대변하는 로카티스 교수와 헬가 피히트 교수의 토론에서는 한반도의 남북 관계가 연상되어, 독일이 겪었던 과거의 사례와 현재의 상황이 아니라, 한국의 현실과 미래의 방향을 주제로 토론하는 느낌이 들 정도였다.

역사학을 전공한 로카티스 교수는 《독일출판상업사》를 편찬 발행하였고 동독에서의 검열 제도와 출판의 역사를 활발히 연구하고 있는 학자로서 출판에 관한 관심이 지대한 분이다. 피히트 교수는 전공이 한국학인데 동독 시절 훔볼트 대학 교수를 지내다 통독 이후 정년퇴직한 분이다. 1955년 북한에 가서 조선어문학을 공부했으며, 이후 동독 시절에는 한국어 통역관으로 활동하면서 김일성이나

* 2005년 10월 20일 한국의 범우출판문화재단과 독일의 베를린 자유대학 공동 주최로 베를린 자유대학 콘퍼런스 홀에서 열린 '한 · 독 출판 정책 개발 세미나'(주제 : 동서독 출판 시장 통합 효과와 시사점)에 지정 토론자로 참여하고 쓴 후기임. 범우출판문화재단 편, 〈독일의 통일과 출판 시장 통합연구〉, 범우사, 2006에 수록.

호네커 총리 등이 회담할 때 통역을 담당했다고 한다. 통독 이후인 1990년대 초부터는 남한을 자유롭게 드나들면서 한국문학과 한국학을 계속 연구할 수 있었다. 최근 박경리 선생의 소설 《토지》를 번역하고 있는 중인데, 현재 제6권까지 번역하여 출간하였다고 들려준다. 토론에서도 한국어와 독일어로 번갈아 설명하곤 했다. 통독 문제를 우리의 남북 관계와 비교하여 한국어로 설명하는 것을 들었던 것은 소중한 인연이었다.

발제와 토론 중에 많은 이야기들이 오고 갔는데, 남북통일과 관련지어 한국 출판계의 과제를 검토할 때, 필자가 느낀 시사점 또는 교훈을 다음의 세 가지로 정리해보고자 한다.

첫째, 분단 극복은 문화적 전통의 공유를 확인하는 데에서 시작된다.

동독과 서독은 이질적인 정치 체제 속에서 정부의 출판 언론 정책도 판이했다. 서독의 자유주의 언론 정책과 달리 동독은 사회주의 체제의 검열 시스템이 작동되어 동서독은 도저히 통합되기 힘든 상황이었을 것이다. 그러나 동서독은 분단 속에서도 문학 교류를 하였으며, 공동 인쇄 사업을 취지로 협력하였다고 한다. 서독 출판사는 저임금을 활용할 수 있는 동독에서 책을 발간함으로써 가격 경쟁력을 확보할 수 있었고, 동독도 경제적으로 이득을 얻을 수 있었다. 또한, 동서독은 하나의 언어, 동일한 문화적 전통이라는 기반 위에서 상이한 정치적 이념과 사회 체제를 극복할 수 있는 디딤돌을 구축할 수 있었다. 이러한 전통의 공유 속에서 동서독 간에 형성된 사소한 교류의 틈새는 거대한 분단의 장벽을 무너뜨리는 시발점이 되었다.

오늘날 남과 북은 동서독의 경우와 비교할 수 없을 정도로 거대한 장벽 속에서 단절의 시대를 살고 있지만, 그 장벽을 깨뜨릴 수 있는 원리는 같을 것이다. 한국의 경우, 분단의 강도는 강하지만 민족이 공유할 수 있는 전통의 폭과 깊이는 그 어느 민족에 뒤떨어지지 않을 것이기 때문에, 분단 극복에 대하여 비관할 필요는 없다고 생각한다.

둘째, 상대방의 장점을 발굴하고 살려내야 한다.

독일 통일은 서독에 의한 흡수 통일이었다. 통독 이후, 분단 시절 검열 시스템 속에 놓였던 동독 출판은 열등한 것으로 치부되었으며, 동독의 지식인들은 모두 똑같은 성향의 쓸모없는 부류로 획일화되었다고 한다. 통일과 함께 출판 시장이 통합되는 과정에서 모든 동독의 문화와 출판은 서독 중심의 시장 논리 속에 매몰되고 말았다. 나아가, 동독의 출판사 편집진을 서독인들이 모두 장악하였으며, 동독에서 잘 훈련된 고령의 편집자들을 모두 퇴출시켜 버렸다고 한다. 그러나 동독 출신의 학자들은 이 과정에서 동독의 문화적 잠재력도 함께 잃어버리게 되었다고 비판하고 있다. 또한, 15년 전의 통일 과정에서 동독 출판사를 지원하지 못한 것이 아쉬운 점으로 지적되고 있다. 동독에서는 검열의 시대에도 1970년대 중반에 이미 사회주의 체제와 소련 군대의 범행을 비판하는 서적들이 많이 나왔으며, 당의 지도적 역할에 의문을 제기하는 주장들이 나왔다고 한다.

피히트 교수는 이런 상황에 대한 설명과 함께, '동독 저자다', '북한 저자다' 하는 식으로 뭉뚱그려 획일적으로 매도해서는 안 된다고 강조한다. 나아가 북한에도 특권층이 있을 수 있으며 그곳에도 다양한 작가 층이 있음을 인정해야 한다고 주장한다. 심지어, 검열에 물들었던 사람들도 무조건 무시할 것이 아니라 원래 가진 능력을 키워줄 수 있어야 한다고 역설한다. 말하자면, 동독의 문화적 장점을 살려냈어야 통일 후 독일의 문화가 더 풍부해졌을 것이라는 의미이다. 우리가 북한을 보는 시각에서 깊이 참조해야 할 사항일 것이다.

통일은 서로 다른 체제가 경쟁하여 어느 한쪽을 축출하는 것이 아니고 상대방의 장점을 최대한 살려내는 것이어야 한다. 그럴 때라야 우리의 민족 문화 전체가 확장될 것이기 때문이다.

셋째, 실질적인 통일에서 가장 중대하고 어려운 과제는 정치와 경제가 아니라 심리 문제이다. 따라서 그 해결책은 문화에서 찾아야 한다.

독일의 경우에서 보듯이, 통일은 경제 문제가 가장 중요한 기반으로 작용하면서 정치적 결단을 통하여 이루어질 것이다. 그러나 통일이란 상이한 체제 속에서 갈라져 살았던 국민들 사이의 통합이기 때문에, 생활방식상의 괴리와 심리적 갈등은 으레 터져 나오기 마련일 것이다.

어느 시점을 기준으로 갑자기 통합된 체제에서 살아야 하는 사람들의 이질감과 갈등은 상호 교류가 활발했던 동서독의 경우도 예상보다 훨씬 더 심각했다고 한다. 동서독은 베를린 장벽을 세우기 전까지, 동베를린 시민들은 베를린 시내의 미국 도서관과 서베를린 도서관을 통해 자유로이 정보를 얻을 수 있었고, 베를린 장벽이 세워진 뒤에도 서적 밀수를 통하여 정보를 교류하고자 하였다. 또한 분단 시절 내내 서독의 텔레비전은 동독인들에게 개방되어 있었고, 출판계에서도 동독과 서독의 출판협회는 상호 활발한 접촉을 통하여 협력 관계를 유지하였으며, 어느 정도 통일된 하나의 출판협회를 가질 수 있었다. 이처럼 언론과 출판의 다방면에서 상호 교류를 한 바 있는 동서독의 경우도 통일이 되자 양쪽 국민들은 서로를 비방하였다. 동독인은 서독인을 거만하다고 비난하였고, 서독인은 동독인을 게으름뱅이라고 무시하였다.

한편, 피히트 교수는 이러한 상호 불신과 비방의 분위기 속에서 통일 후 동독인들은 서독의 텔레비전을 통일 이전보다 덜 시청하게 되었다고 한다. 주된 이유는 미국에서 오는 낮은 수준의 프로그램 때문이라고 한다. 그러자, 방청석에 있는 교포 한 분이 그것은 "나이에 따라 다르다."는 코멘트를 보내왔다. 즉, 젊은이들은 더 많이 본다는 의미였다.

통일 이후 여러 시행착오를 겪은 독일은 15년이 지난 지금에야 국민의 80%가 독일 통일은 잘된 일이라고 긍정적으로 대답하는 조사결과가 나왔다고 한다.

독일의 경우가 이럴진대, 통일 이후 남한과 북한이 겪게 될 심리적 충격은 상상을 초월할 정도로 심각한 문제들을 야기하게 될 것이다. 그런데, 더 큰 문제는 이러한 심각한 문제들에 대한 예측을 구실로 통일 자체를 반대하거나 지연시키려는 시도이다. 이러한 통일 후유증을 경험한 독일 학자들은 통일의 문제를 검토하는 데에 문화를 중시해 줄 것을 요청하기도 하였다. 우리가 겸허하게 받아들어야 할 문제가 아닐 수 없다. '문화의 꽃'이라고 일컬어지는 출판을 담당하는 사람들의 과제가 아닐 수 없다는 생각을 하게 되었다.

이처럼 이번 세미나는 분단 시대를 살아가지만 출판을 사랑하는 우리 모두에게 많은 것을 생각하게 해 주었다.

3 한국 · 베트남 출판 학술 교류 및 출판 현장의 단상*

2009년 범우출판문화재단(이사장 한승헌) 주최로 실시된 한국 · 베트남 출판 학술 교류 및 베트남 여행은 참으로 뜻 깊은 행사였습니다. 주 행사인 세미나 외에도 베트남의 출판인들을 대표하는 출판협회 회장단 및 정부 출판 정책 책임자 등과 대화를 나누고 베트남의 대표적인 출판사를 직접 방문할 수 있었던 것은 큰 수확이었습니다. 이와 함께 하노이 시 관광과 호치민 기념관 답사도 베트남 속에서 한국과 아시아의 문제를 새롭게 바라볼 수 있는 좋은 기회였다고 생각합니다. 여기에서 배우고 느낀 것들을 단편적으로나마 몇 가지 이야기해볼까 합니다.

먼저, 이번 여행에서는 베트남이 대단한 역사를 가진 나라라는 사실을 새삼 확인하게 되었습니다. 베트남은 1887년 프랑스의 식민지가 되었지만 줄기찬 투쟁 끝에 몰아냈고, 1964년부터 1975년 사이 세계 최강 미국과의 전쟁에서도 승리하여, 분단을 극복하고 통일 국가를 이루었지요.

---

* 2009년 1월 16일 범우출판문화재단과 베트남 출판협회 공동 주최로 하노이의 한국문화원 회의실에서 열린 '한국 · 베트남 출판 발전 전략 세미나(주제 : 한국과 베트남의 출판 발전 역사와 협력 방향) 및 출판 산업계 시찰 후 쓴 것임. 범우출판문화재단 엮음, 〈가능성의 나라, 베트남의 출판 산업〉, 범우사, 2009에 수록.

하긴 우리에게도 고구려가 당시 세계 최강 당나라의 침략을 막아냈고, 임진왜란 때는 이순신 해군과 의병들이 수적으로 막강한 일본 군대를 이겨낸 사례가 있습니다. 그러나 그건 다 전근대의 이야기입니다. 다시 말하면, 칼이나 활 또는 소총 정도의 무기일 때는 정신력이 강한 군대, 국민 총화가 굳건한 나라가 이길 수 있었겠지요. 그러나 비행기에서 대형 폭탄을 무제한으로 투하하고, 고엽제를 살포하여 월맹군의 은신처인 숲 전체를 없애버렸던 현대전에서 베트남이 이긴 것입니다. 믿어지지 않는 일이었지요. 그런데, 그런 일을 가능케 했던 전략 전술, 국민 총동원, 호치민의 탁월한 리더십 등을 관광 속에서 알려주는 곳이 베트남입니다. 길고 긴 땅굴을 파고 그 속에서 미국과 10년 이상 전쟁을 벌이며 저항했던 현장, 전 국민이 동원되어 무기와 식량을 운반했던 낡은 자전거, 최고 전략가로서의 두뇌와 카리스마를 지녔지만 수도승보다 더 청렴하게 살았다고 하는 호치민의 집무실과 생전의 초라한 유품 등을 보고 가이드의 설명을 들으니 그들이 승리한 이유가 이해가 되었습니다.

우리는 흔히 숱한 외침에도 불구하고 5천년의 역사를 보존했고, 한 번도 다른 나라를 침범하지 않았다고 자랑하지요. 전자는 맞지만, 후자는 역사적으로 볼 때 다소 차이가 납니다. 고구려가 영토를 넓힌 사례를 빼더라도, 외국을 공격한 것은 여러 번 있습니다. 외국 군대와의 합동 작전도 많았지요.

몽골 군대가 1274년과 1281년 두 차례 일본을 공격할 때, 고려 군대도 함께 갔습니다. 두 번 다 태풍 때문에 공격이 실패하고 말았지만, 당시 일본은 고려 · 몽골 연합군과의 전쟁 준비로 국력을 크게 소진시켰다고 합니다.

그리고 대마도 정벌이 있습니다. 13세기 후반에서 16세기 사이에 한국을 침략하던 왜구의 본거지인 대마도를 세 차례 정벌한 적이 있지요. 제1차는 고려 말 우왕, 제2차는 조선 태조 때, 그리고 제3차는 가장 유명한데, 세종 때 이종무의 정벌입니다. 이때 대마도주는 항복하고 신하로서 조선과 조공 관계를 맺었습니다.

현대에도 한국군은 미국 군대와 함께 이라크에 파병 나가 있지요. 그런데 주축인 미국 군대 연합군의 일원으로 파병 나가 가장 치열한 전쟁을 치른 곳이 바로 베트남입니다. 그 베트남을 돌아다니며 새삼 평화의 중요성이 느껴졌습니다.

임진왜란, 병자호란, 일제 식민지, 6·25전쟁 모두 우리가 피해자였지요. 그래서 우리는 피해자 의식이 강하게 되었습니다. 그러나 베트남 전쟁에서는 우리가 미국과 함께 공격자의 역할을 했다고 할 수 있지요. 문제는 우리에게는 예나 이제나 그런 공격자 의식이 없습니다. 왜냐하면, 미군과 한국 군대는 자유민주주의를 위해 싸웠고 공산당을 물리치고자 했을 뿐이라고 믿었으니까요. 그 공산당이 지금 정권을 잡고 있는 곳이 베트남입니다. 현재 사용하는 화폐에도 당시 지도자 호치민의 초상이 있습니다. 물론 우리들은 당연히 그 화폐를 쓰고 다녔지요.

그런데, 전쟁에서 피해자 의식도 가해자 의식도 사라지게 만들며, 공격의 명분을 제공한 것은 경직된 이데올로기였지요. 이데올로기의 우상은 정말 굉장한 것이었구나 하는 생각을 베트남에서 새삼 하게 되었습니다. 우리 역사에서 경직된 이데올로기와 전쟁과의 관계에서 대표적인 비극적인 사례는 정묘호란, 병자호란이 있었던 17세기 조선과 후금과의 갈등일 겁니다. 임진왜란 후 집권한 광해군은 명나라와 청나라의 교체기에 균형 외교로 중심을 잘 잡아 중립을 유지하며 전쟁의 소용돌이에 휘말리지 않도록 했습니다. 그러나 주자학이라는 경직된 이데올로기에 사로잡혔던 인사들이 '인조반정'을 통하여 정권을 잡고 난 후 친명 정책 일변도로 나간 결과, 결국 치욕의 항복을 하고 청나라의 제후국으로 떨어지고 말았지요. 이런 이야기를 하는 것은 이와 같은 이데올로기의 문제가 아직도 분단된 한국 땅에서 완전히 사라지지 않고 있기 때문입니다.

물론 한국과 베트남은 임진왜란 이후의 한일 관계처럼, 현재 좋은 우호 관계를 유지하고 있습니다. 그리고 많은 한국 기업들이 진출해서 활동하고 있습니다. 이번에 저도 국내 은행 퇴직 후 베트남에서 사업을 시작하여 성공한 친구를 하노이에서 반갑게 만나볼 수 있었습니다.

이번 여행에서 제 관심을 끈 또 다른 주제는 '아시아'라는 문제입니다. 우리는 역사와 문화를 자국 중심주의, 또는 민족주의적 시각으로 바라보지만, 다른 한편, 미국이나 유럽 쪽의 시각에 경도되어 아시아에 대한 인식은 별로 하지 않는 것 같습니다. 이것은 다른 아시아 국가들의 경우도 우리와 큰 차이가 없는 것 같습니다. 유럽 공동체와 같은 하나의 아시아 공동체를 형성해야 한다는 것은 아직까지 상상의 세계에 머물러 있는 것 같습니다. 그러나 아시아 공동체의 일원이 안 되고, 세계 공동체의 일원이 되기는 불가능할 것입니다. 아시아인으로서 아시아인의 의식을 갖고 아시아의 역사와 문화를 알아야겠다는 생각을 하게 되었습니다. 출판 교류에서도 아시아에 좀 더 많은 관심을 기울여야 할 것입니다.

우리들은 이번 세미나와 출판사 방문에서 베트남 출판의 발전 가능성을 볼 수 있었습니다. 세미나에 참여한 베트남 출판계 인사들은 한국 출판에 대하여 높은 관심을 보여주었고, 해마다 성장하는 베트남 출판에 대한 정보를 우리들에게 하나라도 더 알려주고 싶어 하는 것을 세미나 사회를 보며 여실하게 느낄 수 있었습니다. 세미나에서 베트남과의 교류 협력 방안을 제시한 이문학 교수의 세미나 발표 내용은 이곳 언론에 여러 군데 소개될 정도로 주목을 받았습니다. 이들의 관심이 그만큼 크다는 것을 뜻하는 일이겠지요.

그리고, 베트남의 아동 도서 출판사를 방문했을 때, 독일 어린이 그림책을 베트남어로 번역 출판한 것을 보았는데, 그 독일어 원서의 그림은 우리나라 그림책보다 수준이 떨어지는 것을 알 수 있었습니다. 그렇다면 앞으로 출판 교류가 활성화된다면 우리나라 어린이 그림책이 베트남에서 크게 인기를 얻을 수 있을 것으로 기대됩니다. 이것이 그림책 분야만은 아닐 겁니다.

베트남은 2004년 베른 조약에 가입하였는데, 현재 출판의 해외 교류가 활성화되도록 정부에서 정책적으로 지원하고 있다고 합니다. 2004년 제정된 출판법에는 출판 산업을 경제 · 기술 산업으로 파악하여 육성 정책을 마련한다고 나와 있습니다. 말하자면 출판물을 인민의 조직 동원 수단으로 파악했던 과거의 사회주의적 출판관에서 탈피한 것이지요.

또한, 베트남 유명 문학 출판사에서 염상섭의 〈삼대〉, 오정희의 소설, 한용운의 시 등을 출판했는데, 반응이 별로 없었다고 합니다. 〈삼대〉 같은 경우, 한국에서 인쇄 비용을 대주었지만 시장에서는 별로 팔리지 않았다고 합니다. 대장금 같은 최신 드라마가 인기를 끌고 있는 것과 대비되는 현상이지요. 출판의 경우도 최신 한국 작가들의 작품 중에서 이들의 감수성에 맞는 것을 선택하여 출판한다면, 성공 가능성은 매우 클 것이라는 느낌을 받았습니다.

베트남에서 사업하는 친구의 설명을 들으니, 한국 텔레비전 드라마에 나오는 화려하고 사치스런 사람들의 생활 모습을 보면서 젊은 이들이 한국을 동경하고 있고, 특히 젊은 여성들은 한국에 가서 살고 싶어 한다고 합니다.

앞으로 베트남과 출판 교류를 활발히 하여, 우리의 겉모습이 아니라 한국의 문화와 역사를 올바로 알릴 수 있는 서적들이 베트남에서 많이 출판될 수 있는 길을 찾아야 하겠습니다. 동시에, 출판학자들 간의 교류도 활발해지도록 관심을 기울여야 할 것입니다.

4 중국의 책과 출판, 서점과 도서관*

한국출판학회 중국 출판계 방문기

책의 문화는 중국에서 시작되었다. 우선 기원전 2세기 서한(西漢) 초기에 종이를 사용한 증거가 있고, 인쇄 연대가 적힌 책 중에서 가장 먼저 나온 것도 중국의 금강경(868년)이다. 또한, 제일 큰 백과전서(영락대전)를 발간한 나라도 중국이다. 이러한 중국에 대한 호기심을 갖고 필자는 한국출판학회 중국 출판계 방문단의 일원으로(총 12인, 단장은 윤형두 당시 한국출판학회 회장) 중국을 향해 출발하였다.

4-1 직원 수만도 1,700명에 이르는 북경도서관

우리 방문단 일행이 1991년 7월 6일 오전 11시 30분 김포공항을 떠나 홍콩을 경유하여 베이징(北京)에 도착한 것은 밤 9시였다. 7월 7일은 일요일이어서 만리장성과 명나라 황제 능을 돌아보았고, 월요일인 7월 8일은 중국 국가도서관인 '북경도서관'을 방문하였다. 현재의 북경도서관은 1987년 7월에 준공되었는데, 그 전신은 1909년 청나라 말기에 설립된 경사도서관(京師圖書館)이라고 한다. 이

* 〈출판저널〉, 1991. 8. 20.

도서관은 당나라의 필사본 불교경전, 역대 황실 문서, 명나라 영락대전, 청나라 사고전서, 둔황 문서 등 희귀본, 진본을 다량 수장하고 있는데, 규모도 엄청나게 커서 연 14만 2천㎡에 30개 열람실, 3천여 좌석, 직원 수도 1,700명이고, 이 중에서 순전히 도서 취급 업무 종사자만 1,300명에 달한다. 도서관학과 출신뿐만 아니고, 각 방면의 전공자들이 골고루 모여 있다. 북경도서관의 관장은 우리로 치면 차관급에 해당한다고 한다.

총 장서 수는 1,500만 부인데, 중국내 발행 도서는 기증을 받고 외국 도서는 사들이거나 국제 교환을 하고 있다. 열람실 한 곳은 일본에서 기증한 도서들로 꽉 차 있는 것을 볼 수 있었다. 설명을 들으니 일본출판협회에서 매해 다량의 도서들을 보내준다고 한다. 반면에 문헌목록실에서 한국 도서의 목록을 살펴보니 빈약해 보였다. 북한 도서도 그렇게 많이 들어오고 있지 않다는 이야기를 들었다. 한국 도서는 최근에야 출판협회를 통해 몇몇 출판사의 도서들이 북경도서관에 기증되기 시작했으니, 앞으로는 점점 늘어나게 될 것이다. 이번에 간 우리 일행은 자신들의 저서와 논문을 한 권씩 기증하였다.

고문서 등을 볼 수 있는 한 참고열람실에 들어서니, 서너 명의 열람자가 널찍한 책상을 사용하여 독서하고 있는 모습이 보였다. 이 열람실에서는 열람자가 오면 책상에 깔 빨간 천을 빌려주어, 그것을 책상에 깔고 책을 읽게 배려해주는 모습이 인상적이었다.

이 도서관은 하루 평균 5천 명 정도가 입장한다고 하는데, 대학 3학년 이상의 학생과 교육 및 학술 관련 단체의 종사자 등으로 입장을 제한하고, 그 밖의 사람들은 각 지역의 도서관을 이용하게 한다고 알려준다.

북경도서관을 나와 중국도서수출입공사(중국명 : 中國圖書進出口總公司)를 방문하여 그 곳의 임직원들과 간담회를 가진 후 융숭한 점심식사를 대접받았다. 중국도서수출입공사는 중국 도서수출입의 85%를 담당하고 있으며, 100여개 국가와 교류하고 있다고 한다. 수입 실적이 연간 5천만 달러라고 하는 것으로 보아 도서 무역량은 그리 많다고 볼 수 없지만, 중국의 경제성과 개방화 추세에 따라 앞으로 늘어날 것으로 전망된다. 외국 도서의 수입은 중국과 북조선(북한)을 비방하는 책이 아니면 금지되지 않는다고 한다. 한국도 아직 국교가 수립되어 있지 않지만, 우편으로 도서를 주문하면 도서수출입공사에서 직접 책을 한국으로 발송해 준다는 설명을 들었다(중국과의 국교 수립은 방문 다음 해인 1992년).

4-2 인쇄술의 시원지답게 도장포가 즐비

오후에는 유리창가(琉璃廠街) 고서점을 둘러보았다. 그 곳은 서울의 인사동 골목 같은 곳으로 고서점과 골동품 상점들이 길게 들어서 있었다. 우리 일행 중에 여러 선생님들은 고서(古書)에 조예가 깊은 분들이라 열심히 살펴보았으나 고서를 그리 많이 구하지는 못한 것 같았다. 현지 안내인은 문화대혁명 기간에 많은 고서들을 없애버려 현재 고서가 그리 많이 남아 있지 않다고 들려준다. 문화대혁명의 10년 동안에 5천년 중국 문화의 보고들이 상당수 사라졌다고 생각하니, "문화대혁명은 문화의 혁명이 아니라 문화의 후퇴"라는 그곳 지식인들의 주장이 실감 있게 들렸다.

골동품 상점에서는 다시 책의 나라임을 증명하려는 듯, 붓 먹 벼루 도장 등을 많이 팔고 있었다. 도장은 즉석에서 새겨주는데, 해태나 사자상 등을 조각한 옥도장의 값이 크기에 따라 다르지만, 작은 것은 80元(한국 돈으로 12,000원에 해당)이었다. 도장 새기는 방법도 글자를 조각한다기보다는 옥돌 위에 붓글씨로 이름자를 거꾸로 정성들여 쓴 다음 그것을 새겨내니 붓글씨의 명수가 아니고는 도장 새기는 직업은 엄두도 못 낼 일일 것 같았다. 도장에 새겨서 글자를 찍어내는 것은 사실상 책을 만들어냈었던 인쇄의 시초로서 수천 년 전부터 오늘까지 내려오는 방법이라 하겠다. 중국인들의 타고난 손재주는 오늘도 곳곳에서 도장 새기는 업으로 우리 같은 외국인의 발길을 멈추게 하고 있었다. 80元 달라는 옥도장 값을 50元 에누리해서 새겨 가진 우리 일행 중의 한 분은 그 도장이 찍힌 종이를 일행들에게 자랑스레 보여주었다. 우리 같은 문외한도 그 도장에 새긴 한자 이름을 살펴보고 어떤 예술적인 솜씨를 느낄 수 있을 정도로 아름다운 글씨체였다.

유리창가를 지나서 북경 시내에 있는 왕부정서점(王府井書店)을 찾아갔다. 대형 서점이라고는 하지만, 그 크기는 교보문고의 4분의 1도 안 돼 보였다. 서점 안의 분위기도 고객들은 많았지만 비좁고 어두웠다. 한국처럼 쾌적한 문화 공간으로서 잠재적인 독자를 유인하는 대형 서점의 구실보다는 단순히 필요한 책만 팔고 사는 서적 판매 업소의 기능을 크게 벗어나지 못하는 것 같았다.

이런 서점의 모습은 상해, 심양, 연길 등 중국의 다른 대도시의 큰 서점의 경우도 마찬가지였다. 박제가(朴齊家)의 〈북학의〉(北學議)를 보면 당시(18세기 말엽) 중국의 서점은 책 판매가 활발한 데 비해서 조선에는 서점이 없고 책 행상도 잘 되지 않는다는 기록이 나오는데, 2세기가 지난 오늘은 그 반대로 북경의 서점가보다 서울의 서점가가 훨씬 더 크고 번화한 모습을 보이고 있으니, 역사의 변화를 느껴본다 하겠다.

중국의 도서 발행량은 한국보다 많지만, 서점에 진열된 도서들은 매장의 한계로 인해서 한국보다 훨씬 적어 보였다. 복잡한 매장에서 사람들을 밀치고 필요한 책들을 골라내어 몇 권을 사들고 값을 지불하니 포장을 해주는데, 한국의 서점과 같이 각 권마다 포장해주는 것은 어림도 없고 손바닥만 한 포장지를 서너 권의 책 위에 얹어놓고 책들을 실끈으로 묶어서 내줬다. 그 포장지라도 여러 장 달라고 하니까 서점 점원 아가씨는 귀찮다는 표정으로 나를 쳐다보더니 마지못해서 꺼내줬다. 중국에서 큰 상점은 거의 국영인데 사회주의 국가라 그런지 이런 상점에서는 점원들이 불친절하고 물건을 팔려는 의욕이 없어 보였다. 중국은 서적에 쓰이는 종이도 한국에 비하면 조잡해 보였고, 인쇄물의 전반적인 수준도 한국의 1960년대 후반에 해당될 정도로 낙후되어 있음을 그대로 느낄 수 있었다.

책값도 한국인의 눈으로 볼 때는 엄청나게 싸 보였다. 그러나 외국인들을 위한 영문 서적이나 영문 그림엽서의 값은 우리나라와 큰 차이가 나지 않았다. 또한 인쇄물의 질적 수준도 월등히 뛰어났다. 이러고 보면, 중국 국내에는 질적 수준과 가격이 판이한 두 종류의 인쇄물들이 공존하고 있는 셈이다.

7월 9일은 천안문을 본 다음, 자금성을 구경했는데, 그 엄청난 규모에 놀라면서 한 바퀴 돌고 나니 다리가 아파서 더 걸을 수가 없을 정도였다. 이런 경험은 그 후에도 계속됐는데, 중국 관광은 눈으로 하기보다는 발로 하는 것이라는 생각이 들었다. 7월 10일 길림성의 장춘에서 하룻밤을 묵고 다음날 연길로 가서 백두산 정상에 올랐는데 맑은 날씨 덕분에 천지를 선명하게 볼 수 있었다. 영묘한 빛을 발하는 장엄한 천지를 내려다보고 있으니, 실로 이 천지에 한민족의 영기가 서려 있다는 느낌이 들었다.

4-3 교포 사회에도 교육열 높아 교과서 출판 성업

7월 12일에는 연길에서 연변인민출판사와 동북조선민족교육출판사를 방문하였다. 두 출판사는 한 건물 안에 같이 있었다. 연변인민출판사는 '조선족'(한국 교포)을 위한 일반 도서를 출판하는 곳으로 1951년에 설립되었고, 동북조선민족교육출판사는 초·중등용 교과서를 출판하는 곳이었다. 연변 조선족 자치주는 중국 땅이면서도 초등학교에서 고등학교까지 모두 한국어로 공부하기 때문에 교과서도 한글로 나와 있다. 동북조선민족교육출판사 사장 겸 총편집 오창진(吳昌振)씨와는 저녁에 호텔에서 만나 여러 이야기를 나눌 수 있었다. 중국의 우리 교포들도 한국처럼 교육열이 높아서, 교과서 출판 산업도 계속 확장되어 1947년 5명으로 시작한 민족교육출판사는 1991년 현재 종업원이 140명이나 되는 출판사로 성장하였고, 연간 550~600종의 교과서를 종당 평균 1만 부씩 발간한다고 한다. 교과서나 참고서를 내는 한국의 출판사들이 매해 큰돈을 버는 것과는 판이한 현상이라 할 수 있다. 국가 정책과 사회 제도의 차이 때문일 것이다. 조선족 전체에게 교과서를 공급하는 민족교육출판사의 사장도 국가 공무원인데, 그 급수는 중국에서 현장(縣長)급이라고 한다. 우리로 치면 중소 도시의 시장에 해당된다고 할 수 있겠다.

이튿날 연변을 떠나 심양으로 향했는데, 심양도 연변과 마찬가지로 큰 서점에 한국어로 된 서적이 많이 진열되어 있었다. 그 후 상해를 거쳐 홍콩에서 1박하며 간단한 관광을 마친 후 우리 일행은 13일간의 일정을 마치고 18일 저녁 9시경 김포에 도착했다.

이번 방문으로 오늘날 중국의 사회 · 문화적 모습을 단편적으로나마 보고 느낄 수 있었다는 것이 매우 귀중한 경험이었다. 또한 영묘하고 신비로운 백두산 천지에서 받은 감동은 오랫동안 내 머릿속에서 사라지지 않을 듯하다.

5 한국 · 타이완 출판 교류의 의의*

2007년 1월에 시행되었던 한국 · 타이완 출판 교류는 타이완에 대한 이해를 넓혀 주었고, 필자가 그동안 지녔던 선입견이 얼마나 잘못된 것이었나 하는 것을 깨닫게 해주었다. 타이완을 여행하다 보니, 중국 본토와 달리 비좁은 땅에서 사람들이 오밀조밀 살고 있을 것이라는 편견이 깨졌고, 우리가 찾아간 서점도 그 규모는 물론이고 내부 인테리어와 서적 전시 방식이 대륙적임을 느끼게 해주었다. 서울의 대형 서점들보다 더 크고 넉넉한 공간을 마련하여, 책의 진열과 함께 다용도로 활용될 수 있도록 아름답게 꾸며졌다. 예를 들면, 요리책 코너에는 조리를 시연해 보여줄 수 있는 시설이 마련되어 있었다. 상업주의에 물든 한국 대형 서점 관계자들이 와서 배우고 가야겠다는 생각이 들었다.

이번 타이완과의 출판 교류에서는 세미나와 서점 방문 외에도 정부 출판 담당 책임자 면담, 출판사 탐방, 타이베이에서 열린 국제도서전 관람 등을 통하여 많은 것을 느끼고 배울 수 있었다. 이번 교류의 의의, 또는 필자가 얻은 교훈을 다음 세 가지로 정리하고자

* 범우출판문화재단에서 2007년 1월 31일부터 3박 4일 일정으로 타이완 출판 산업계를 시찰하고 펴낸 〈타이완 출판 산업의 발전과 양안 교류 협력〉(범우사, 2011)에 수록한 것임.

한다.

첫째, 타이완과의 출판 교류는 온전한 아시아 출판문화를 인식하는 데 필수적이라는 사실이다.

아시아 중에서도 한 · 중 · 일 삼국은 지리적으로나 역사적으로 핵심적인 지역으로서 그 중요성이 커지고 있다. 이 과정에서 우리들은 곧잘 타이완의 존재를 잊어버리고 있다. 중국은 현재 본토, 홍콩, 타이완이라는 전혀 다른 체제로 이루어져 있다. 체제와 역사가 달랐기 때문에, 출판문화도 각기 다른 양상으로 전개되어 왔다. 특히, 타이완은 중국에 다시 귀속된 홍콩과 달리 현재도 독립 주권과 문화를 유지하며 독자적인 출판문화를 구가하고 있다. 다양성을 기반으로 하는 것이 출판문화라 할 때, 타이완의 출판문화를 올바로 이해하는 작업은 중요한 일이 아닐 수 없다.

한국의 출판 시장은 이미 세계화 시대에 진입한 상태이다. 그러나 출판인이나 일반인들의 인식 수준은 아직 그렇지 못하다. 우리의 인식은 국내에서 탈피하여 세계를 향해 나아가야 한다. 그러나 세계를 보는 진취적이고 적극적인 눈은 우리의 자리, 다시 말하면 아시아인의 자리에서 이루어져야 자연스럽고 확실하게 얻어질 것이다. 그러나 아직까지 아시아인으로서의 올바른 시야를 갖추었다고 보기 어렵다. 그런 점에서 우리의 시야를 넓혀준 이번 타이완 방문은 소중한 의미를 지닌다. 이번 타이완 방문이 우리의 시야를 동아시아뿐만 아니라, 베트남, 태국, 말레이시아, 인도, 나아가 이란, 이라크 등 중동 지역으로 확대시키는 계기가 되었으면 한다.

둘째, 타이완의 역사는 분단 한국과 유사한 발자취를 보여주고 있어, 많은 시사점을 준다.

타이완의 역사는 한국과 정말 닮은꼴이다. 우선, 근대에 일제의 식민지였고, 분단국이라는 점이 공통이다. 또한, 두 나라의 국민들은 공히 끊임없는 외세의 영향 속에서 고난의 역사를 이어왔다. 해방 이후 권위주의 정부 체제 하에서 민주주의를 외쳐 온 점도 공통적이다. 타이완은 1949년 12월 대륙에서 쫓겨 나온 중국 국민당이 장기간 정치 권력을 독점하는 극도의 권위주의 체제였는데, 1987년 7월 계엄령을 해제하기까지 장기간 지속되었다. 계엄령 기간에도 지식인과 재야 세력은《자유중국》,《문성》,《대학》,《대만정론》,《팔십년 대》,《미려도》등과 같은 잡지를 통하여 정치 개혁을 끊임없이 외치면서 민주주의 발전에 기여해왔다.

그리고, 급속한 경제 성장을 이루어냈고, 국민들의 교육열이 높은 점도 공통적이다. 타이완은 1인당 국민 소득이 1953년 203달러에서 1992년 1만 달러를 넘어섰다. 오히려 한국보다 앞서서 1만 달러를 달성한 셈이다. 또한 1970년대 이후 국제연합에서 축출되고 수교국이 급격히 줄어드는 등 외교적 고립에 직면하였으나, 탄력적이고 실질적인 외교 노선을 통하여 극복하고 있다. 타이완은 교육 수준이 높고 교사들의 교육에 대한 열의가 대단하다고 한다. 이런 점이 불리한 여건 속에서도 타이완의 향후 발전을 기대하게 되는 대목이다. 출판문화의 발전도 이런 속에서 이루어진 것으로 보인다.

현재 타이완과 중국은 같은 한자이지만 자형이 크게 달라진 문자를 쓰고 있다. 즉, 타이완은 예전부터 써오던 글자 곧 번체자를 쓰고, 중국은 간략하게 만든 간체자를 쓰고 있다. 진시황 이래로 중국은 거대한 대륙을 한자를 통하여 하나의 문화권으로 집결시킬 수 있었는데, 지금은 이 한자가 양안의 분단 체제를 극명하게 보여주고 있다. 한국 역시 60년 넘게 분단 체제가 지속되면서 남과 북의 맞춤법이 다르고 각종 용어가 달라지고 있어, 통일을 위한 준비 작업에서 중요한 문제점으로 제기되고 있다.

또한, 타이완과 중국은 한국과 달리, 중국의 한 지역으로서 타이완인가, 아니면 중국과는 독립된 별개의 타이완 곧 중국과 구별되는 역사와 문화 전통을 지닌 타이완인가 하는 점에서 각기 다른 주장이 나오고 있다. 여기에서 더 나아가 1987년 계엄령 해제 이후 중국과의 통일을 지향하는 세력과 타이완의 독립적인 국민 국가 형성을 지향하는 세력으로 본격적으로 갈리게 되었다고 한다.

셋째, 현 단계 타이완 출판계의 높은 수준과 지속적인 발전 가능성을 확인하게 된 것은 또 다른 수확이라 할 수 있다.

타이완의 발달된 출판문화는 앞에서 말한 고도 경제 성장과 높은 교육 수준에서 나오는 결과일 것이다. 특히, 1987년 7월 계엄령이 해제된 이후 언론 출판이 비교적 자유로워지고, 1999년에는 출판법이 폐지되어 출판사 설립이 매우 용이해지면서 많은 출판사들이 생겨났다고 한다. 2006년 현재 출판사 수는 9,625개사에 달한다. 신간 발행 종수는 2006년 42,735종으로 한국을 앞서고 있다. 한국은 2006년 신간 발행 종수가 38,035종에 그쳤다.

타이완의 출판 산업은 독서 문화를 진작시키려는 분위기가 고조되고 있고, 중국어 출판 시장이 커서 해외 시장 개척이 용이한 점이 강점으로 작용하고 있다. 또한 중국과의 출판 협력이 증대하고 있는 점도 유리한 환경이다. 이것은 오늘날 남북한 출판 교류는 시작도 못한 상태이고, 그동안 진행되던 관광과 경제 교류마저 끊어질 위기에 있는 우리로서는 부럽고 부끄러운 일이 아닐 수 없다. 새삼 중국과 타이완의 관계에서 교훈을 얻어야 한다는 생각이 들었다.

또한, 타이완은 대학에서의 출판 전공 교육이 한국과 달리 매우 활기를 띠고 있어 지속적인 출판 산업의 발전이 예견되고 있다. 현재 타이완 출판계의 추진력과 발전 가능성은 한국으로 하여금 선의의 경쟁을 하도록 자극하고 있다. 이러한 경쟁은 양국 간의 출판 교류가 활성화될 때 더욱 바람직한 방향으로 전개될 수 있을 것이다.

찾아보기

ㄱ

ㄴ

ㄷ

ㄹ

ㅁ

ㅂ

ㅅ

ㅇ

ㅈ

숫자 · 영문

출판 산업 발전과 독서 진흥

2014년 11월 20일 인쇄
2014년 11월 25일 발행

저자 : 부길만
펴낸이 : 이정일

펴낸곳 : 도서출판 **일진사**
www.iljinsa.com
140-896 서울시 용산구 효창원로 64길 6
대표전화 : 704-1616, 팩스 : 715-3536
등록번호 : 제1979-000009호(1979.4.2)

값 12,000원

ISBN : 978-89-429-1424-1